RÉUSSITE
MAXIMUM

MAX PICCININI

AVEC LA COLLABORATION DE STÉPHANIE ZEITOUN

RÉUSSITE MAXIMUM

7 ÉTAPES POUR TRANSFORMER VOS RÊVES EN RÉALITÉ

UN MONDE DIFFÉRENT

Catalogage avant publication de Bibliothèque et Archives nationales du Québec et Bibliothèque et Archives Canada

Piccinini, Max

Réussite maximum : 7 étapes pour transformer vos rêves en réalité

Comprend des références bibliographiques.

ISBN 978-2-89225-921-6

1. Succès - Aspect psychologique. 2. Réalisation de soi. I. Canfield, Jack, 1944- . II. Titre.

BF637.S8P52 2016 158.1 C2016-941266-0

Adresse municipale :
Les éditions Un monde différent
3905, rue Isabelle, bureau 101
Brossard (Québec) Canada J4Y 2R2
Tél. : 450 656-2660 ou 800 443-2582
Téléc. : 450 659-9328

Adresse postale :
Les éditions Un monde différent
C.P. 51546
Greenfield Park (Québec)
J4V 3N8

Site Internet : http ://www.umd.ca
www.facebook.com/EditionsUnMondeDifferent
Courriel : info@umd.ca

Dépôts légaux : 3e trimestre 2016
Bibliothèque et Archives nationales du Québec
Bibliothèque et Archives Canada
Bibliothèque nationale de France

Conception graphique de la couverture :
OLIVIER LASSER

Photo de la couverture :
ALEXANDRA BABONNEAU

Directrice de l'ouvrage :
STÉPHANIE ZEITOUN

Photocomposition et mise en pages :
ANNE-MARIE JACQUES

Typographie : Minion Pro 13 sur 15,5 pts

ISBN 978-2-89225-921-6

Financé par le gouvernement du Canada
Funded by the Government of Canada

Gouvernement du Québec – Programme de crédit d'impôt pour l'édition de livres et l'aide à l'édition – Gestion SODEC.

IMPRIMÉ AU CANADA

À mes parents qui m'ont donné la chance de naître et d'expérimenter les merveilles de ce monde.

À tous ceux qui m'ont fait confiance et me réchauffent le cœur quand je vois leur qualité de vie et leurs résultats atteindre de nouveaux sommets.

« Il y a au fond de vous de multiples petites étincelles de potentialités : elles ne demandent qu'un souffle pour s'enflammer en de magnifiques réussites. »

— Wilfred Peterson

TABLE DES MATIÈRES

Préface

Je me souviens très bien de ma première rencontre avec Max Piccinini : c'était en Californie lors de l'une de mes formations. Grâce à sa présence rayonnante, son sens de l'humour, sa confiance en lui et son engagement inébranlable à donner le meilleur de lui-même tout autour de lui, Max m'a particulièrement touché.

Après avoir appris à le connaître durant les années qui ont suivi, je peux dire avec certitude que Max est un être à part. Il est doté d'un talent exceptionnel pour vous accompagner sur le chemin de la réussite que vous avez choisi. Son charisme naturel, son grand cœur et ses capacités à transmettre son savoir d'une manière simple et concrète sont ce qui rend Max unique. C'est parce que j'ai un profond respect envers Max et son travail que je suis honoré d'écrire la préface de Réussite Maximum.

Ce livre formidable concerne VOTRE vie et VOTRE réussite. Que vous désiriez améliorer vos finances, vos relations, votre estime personnelle, ou tout simplement vous sentir plus épanoui et heureux, ce livre vous aidera à l'accomplir.

Tout comme Max, j'ai eu une enfance difficile. Mon père était alcoolique et souvent violent quand il buvait, et nous avons toujours lutté financièrement. Ma mère a fini par divorcer et nous avons vécu dans le grenier de ma grand-mère pendant plusieurs années, alors que je faisais plusieurs petits boulots dès mon plus jeune âge pour aider ma famille. J'ai continué à travailler afin de me payer mes études et j'ai commencé comme enseignant au lycée dans un quartier sensible. Bien que ces années passées à enseigner furent difficiles et exigeantes, elles ont aussi été mon inspiration pour écrire la série de *livres* Bouillon de poulet pour l'âme™, *vendue à plus de 500 millions d'exemplaires et traduite dans 47 langues à travers le monde !*

Max et moi-même sommes des preuves vivantes que tout est possible, et que tous vos rêves peuvent devenir réalité quand vous croyez en eux et que vous mettez en application les clés de la réussite !

Dans un monde où l'humanité et l'économie sont en perpétuel changement, une des meilleures décisions que vous puissiez prendre, c'est d'investir en vous-même. Apprendre à atteindre vos objectifs est quelque chose que vous pouvez utiliser toute votre vie, et peu importe l'état du monde dans lequel vous vivez.

Un des meilleurs aspects de Réussite Maximum, *c'est qu'il révèle une méthode inédite créée par Max : le processus « ItsMyTree ». Basé sur son expérience personnelle et l'immense réussite qu'il a construite en partant de rien, l'efficacité de cet enseignement est prouvée par les résultats concrets qu'il produit continuellement.*

Je vous promets que si vous mettez en pratique ce que Max vous enseigne dans ce livre, vous verrez votre vie se transformer d'une manière spectaculaire. C'est à vous de décider. Si vous avez du bon sens, le courage et la persévérance de mettre ces principes en action, je vous garantis un voyage magique vers bien plus de succès que vous ne pouvez vous l'imaginer maintenant.

Alors, détendez-vous et profitez du voyage.

— Jack Canfield, coauteur de
Le Succès selon Jack™, *Osez Gagner*, et la série
Bouillon de poulet pour l'âme™

Introduction

Aimeriez-vous développer la capacité de créer ce que vous souhaitez réaliser dans votre vie ?

Désirez-vous être plus confiant ? Avoir plus de détermination ou plus de clarté ?

Voulez-vous améliorer vos relations ou vos finances ?

Avez-vous un projet à lancer ou voulez-vous « booster » les résultats de votre entreprise ?

Ou tout simplement, désirez-vous vous sentir plus épanoui, plus heureux et découvrir le sens de votre vie ?

Si vous avez répondu oui à l'une de ces questions, alors ce livre est pour VOUS !

Cela fait plus de 20 ans que j'étudie et applique dans ma propre vie les principes de la science de la réalisation de soi. Je ne suis pas un vendeur de rêves, je ne fais que redonner une partie de ce que j'ai reçu à travers une méthode inédite, dont l'efficacité a été reconnue par tous ceux qui l'ont expérimentée : le processus « ItsMyTree ».

Mon désir le plus cher est de partager avec vous les clés de la réussite qui m'ont permis de connaître un formidable épanouissement personnel et professionnel, et qui offrent à des milliers de clients la possibilité d'expérimenter une vie plus heureuse et harmonieuse. Si j'ai pu y parvenir et que des milliers de personnes inscrites à mes séminaires y sont arrivées, vous le pouvez aussi !

Rien ne me prédestinait à une telle réussite. Je suis né à Strasbourg, le troisième d'une famille de quatre enfants. Ma mère était alsacienne et mon père italien. Une famille modeste où l'argent manquait tout autant pour le coiffeur que pour les vacances.

J'ai vécu une enfance difficile. Le stress financier et la violence verbale et physique faisaient partie de notre lot quotidien.

Mon père était un homme violent. Je me souviens encore des gifles de sa grande main épaisse qui claquaient avec force sur mon visage chaque fois que je faisais une fausse note, lorsque je jouais du violon à l'âge de quatre ans. Voilà quelle a été mon éducation : pas une seule journée ne s'écoulait sans une dispute ou une insulte proférée.

À l'âge de 10 ans, mes parents ont divorcé, après des années d'intenses disputes.

À 14 ans, un événement majeur a vraiment fait toute la différence et marqué ma vie pour toujours.

Le 25 novembre 1995, alors que je revenais d'un entraînement de basket, ma mère m'a annoncé que mon père venait de décéder dans un accident de voiture.

Je n'ai pas compris intellectuellement la portée de ce drame, mais il a provoqué en moi un tsunami émotionnel.

Dans les années qui suivirent, je me portais en victime.

J'en voulais à la vie. « Pourquoi moi ? Ce n'est pas juste ! Mon père est parti et ne jouera pas son rôle de père ! »

Je me sentais déboussolé, en proie à un grand mal-être intérieur.

À l'âge de 21 ans, alors que je ne savais pas trop quoi faire de ma vie, et que je vivais quotidiennement dans le stress financier et personnel, je décidai de me lancer dans les affaires.

À ce moment-là, j'étais endetté, j'étais complètement dépourvu de confiance en moi, de contacts, sans diplôme ni expérience de travail par surcroît…

Personne ne croyait en moi, et surtout, je ne croyais pas davantage en moi-même.

Au cours des premières années, je l'avoue, j'ai « ramé ». Je me donnais du mal, je déployais de multiples efforts, mais je ne parvenais pas à prendre mon essor. Et pourtant je travaillais dur pour y arriver.

Un jour, j'ai pris la décision de tout changer et de transformer mon monde intérieur en cherchant, puis en appliquant les principes que vous découvrirez dans ce livre.

Résultat : 3 ans plus tard, j'étais libre financièrement, j'avais atteint le top 1% des revenus des Français et je vivais la vie de mes rêves.

Je suis devenu millionnaire avant l'âge de 30 ans et depuis, mon quotidien est un pur bonheur. Est-ce toujours facile ? Bien sûr que non !

La vie n'a pas été faite pour être facile, et je vous mentirais de vous dire que le parcours vers votre réussite le sera.

N'attendez pas que je vous dise non plus ce que vous *voulez* entendre, car je tiens plutôt à énoncer ce que vous *devez* entendre.

Comme nous venons de l'exprimer, la réussite, au fond, c'est simple, mais ce n'est pas facile.

La bonne nouvelle, c'est qu'en mettant en pratique les principes que je vous transmettrai dans ce livre, vous aurez une voie toute tracée vers votre réussite. Il vous suffira alors de vous familiariser avec la route et votre véhicule, puis de rester concentré et d'accélérer !

Impulsé par des dizaines de personnes qui ne cessaient de m'affirmer que j'étais doté d'un talent unique de coach et de conférencier, j'ai donc décidé de lancer ma carrière de coach et de partager avec d'autres les clés de ma réussite.

Rien ne m'apporte plus de bonheur que de voir votre vie s'améliorer et progresser de jour en jour.

Chaque matin, je me lève avec le sourire aux lèvres, et une mission de vie (que j'appelle la raison d'être, et dont je traite dans ce livre).

Rien n'est plus motivant pour moi, et rien ne remplit plus mon cœur de joie que de vous aider à trouver le meilleur en vous-même et de vous voir créer cette vie spectaculaire, qui vaut la peine d'être vécue !

Comme je le dis souvent, la vie est si courte qu'il faut s'empresser de réaliser nos rêves.

Vous méritez le meilleur, alors c'est à vous de faire les pas qu'il faut et de vous l'offrir.

Votre vie peut expérimenter la réussite, le bonheur et un total épanouissement personnel sans précédent. Tout ce que vous avez à faire est d'appliquer avec persévérance les principes de la science de la réalisation de soi de cet ouvrage, comme je l'ai fait moi-même avant de songer à les partager avec vous.

Je souhaitais surtout prouver que le processus fonctionne de manière impeccable et sans faille, avant de le transmettre à des millions de personnes.

C'est une question de responsabilité et d'intégrité.

Après l'avoir utilisé dans ma propre vie et constaté son efficacité, je l'ai communiqué à des milliers de personnes lors de mes séminaires et formations sur Internet.

Dans tous les cas, ce processus a démontré des résultats spectaculaires pour tous ceux qui l'ont mis en application dans son intégralité.

Ce « Processus créateur » est comme une science, il fonctionne de manière certaine, tout comme la loi de la gravité.

Avez-vous l'impression que vous pourriez soudain vous envoler dans les airs, car la force de gravitation aurait décidé de ne plus jouer son rôle et vous ne pourriez plus tenir au sol ?

Vous ne doutez pas une seconde que cela puisse se produire, n'est-ce pas ? Car vous SAVEZ que cette loi existe et qu'elle vous maintient sur terre.

Loin de moi l'idée de prétendre que je sais tout, mais ce que je SAIS de manière certaine, c'est que cette méthode inédite que vous êtes sur le point de découvrir fonctionne à merveille, et que votre vie ne peut que s'améliorer si vous la mettez en pratique à votre tour.

Tous ceux et celles qui ont suivi consciencieusement le processus « ItsMyTree » ont obtenu les résultats projetés, et cela avec une exactitude étonnante. Ils sont en quelque sorte devenus des « maîtres façonneurs » de leurs vies.

Nous ne parlons pas ici d'une « théorie d'hurluberlu », mais bien d'un système éprouvé, basé sur des principes fondés et démontrés, avec des résultats concrets et réels.

Certains éléments de cette théorie ne vous seront pas inconnus. En revanche, d'autres seront nouveaux à vos yeux. Ce qui est important, c'est de mettre ce savoir en application, sinon il ne revêt aucune valeur.

Lorsque vous refermerez ce livre, j'espère que vous serez devenu une version améliorée de vous-même, une meilleure personne, et que vous aurez l'énergie et les clés pour créer la vie que vous désirez. Chose certaine, c'est mon souhait le plus cher.

1

Mon invitation à créer une vie exceptionnelle

« Si vous pouvez le rêver, vous pouvez le réaliser. »

— Walt Disney

N'avez-vous jamais eu le sentiment que votre vie était unique, qu'elle était en soi une aventure passionnante, et que vous méritiez par le fait même d'expérimenter les choses les plus extraordinaires de ce monde ?

Souhaitez-vous être plus heureux ? Désirez-vous obtenir plus de réussite dans tous les domaines ?

Si vous avez acheté ce livre, c'est probablement que vous avez envie d'améliorer quelque chose dans votre vie.

Peut-être souhaitez-vous devenir une personne différente, prendre une nouvelle direction, atteindre un but ou mieux encore, souhaitez-vous réaliser un rêve particulier, vous reconnecter à vous-même, discerner de la clarté dans l'obscurité ou encore trouver votre « mission personnelle » et la raison pour laquelle vous êtes né ?

Je voudrais sincèrement vous applaudir d'avoir fait ce choix, car très peu de gens ont le courage d'amorcer ne serait-ce qu'un petit changement dans leur vie.

Savez-vous que de nombreuses personnes conseillent les autres à propos de ce qu'ils devraient modifier dans leur vie, mais ne le font pas pour eux-mêmes ?

Vous avez probablement déjà compris que, si vous voulez changer les choses, vous devez changer en premier !

En achetant ce livre, vous avez investi en vous-même et je vous en félicite, car moins de 1% des gens misent sur leurs propres capacités pour réussir leur vie.

IMPLIQUEZ-VOUS !

Avant toute chose vous devez savoir que je n'aime pas faire de la théorie et que je ne cherche surtout pas à vous motiver.

La motivation, c'est très bien ; le problème, c'est que l'engouement ne dure jamais plus que 48 h.

Je suis réputé pour mes aptitudes de « transformateur ». Je ne suis pas un motivateur.

Quand les gens sortent de mes séminaires, je ne tente pas de savoir si mon message les a « motivés », mais je souhaite apprendre si dans les mois et les années qui suivront, ils auront véritablement vécu une transformation positive dans différents domaines de leur vie.

Et c'est bien cela mon but.

Oui, je le maintiens, ce livre a réellement le pouvoir de transformer votre vie pour le mieux, mais il va sans dire qu'il faudra plus qu'un coup de baguette magique pour ce faire.

Restez concentré tout au long de votre lecture, impliquez-vous, relisez deux ou trois fois un passage ou un chapitre s'il le faut, et surtout, et cela est très important, appliquez ce que vous y apprendrez.

Une lecture passive ne vous amènera pas à transformer votre monde, mais sans conteste, la mise en application des concepts que vous découvrirez au fil de ces pages vous permettra de vous forger une vie meilleure.

Faisons un marché dès à présent. Je vous promets que ce livre métamorphosera votre vie pour toujours (à tel point que vous voudrez le recommander à tous vos proches, amis et collègues), mais vous devez vous engager à le lire jusqu'au bout.

Les statistiques montrent que 90 % des gens ne finissent pas les ouvrages qu'ils achètent. Je vous encourage fortement à ne pas faire cette erreur aujourd'hui.

Pour certains lecteurs, *Réussite Maximum* est l'un des guides pratiques qui a eu le plus d'impact dans leur vie.

Tenez-vous pleinement en haute estime et lisez ce livre jusqu'au bout, votre vie s'en portera mieux ! C'est une promesse que je vous fais !

Le bonheur et la réussite se trouvent en dehors de votre zone de confort.

Si votre vie est devenue routinière, si vous vous sentez en sécurité là où vous êtes, il y a de fortes chances pour que rien n'évolue depuis des années.

Retenez cela : il n'y a pas de progrès dans le confort !

Si vous voulez faire et avoir plus dans la vie, vous devez devenir « plus ».

Il ne s'agit pas tout bonnement d'une simple petite promenade dans le parc !

Nous vivons pour la plupart dans un monde de confort, qui malheureusement, ne nous encourage pas à développer « nos muscles émotionnels ».

Les recherches démontrent que les personnes dotées d'un quotient émotionnel élevé réussissent en général mieux que celles dont le quotient intellectuel est élevé.

C'est merveilleux de posséder des connaissances infinies. C'est fantastique de savoir analyser et mesurer des données complexes.

C'est magnifique aussi d'avoir des idées qui peuvent vous rendre milliardaire.

Mais RIEN ne peut se transformer dans le monde réel, et de manière concrète, sans que vous sortiez de votre zone de confort et que vous passiez à l'action.

Vos rêves ne se réaliseront pas en restant confortablement assis sur votre canapé. Ils se réaliseront seulement si vous décidez de monter d'un cran et de vous dépasser.

Et c'est là que la vraie vie démarre réellement !

Si vous voulez d'une vie sans problème, faites comme ceux qui sont six pieds sous terre et qui sommeillent au cimetière !

Je prends régulièrement la parole devant des milliers de personnes lors de mes séminaires, et je m'étonne toujours de constater à quel point les gens veulent « éviter les problèmes », alors que nos problèmes sont des cadeaux !

Oui, vous avez bien lu, vos problèmes sont des cadeaux !

Ils sont les cadeaux de l'univers pour vous permettre de vous développer et de grandir.

Si vous n'êtes pas en train de croître, vous êtes déjà en train de régresser.

La majorité des gens pensent qu'il n'existe qu'un schéma de vie : faire des études, décrocher un travail sécurisant et bien rémunéré, acheter un bel appartement ou une belle maison, trouver le partenaire idéal, et le tour est joué !

Tous leurs problèmes seront résolus. Ils auront une vie tranquille, rassurante et tous leurs soucis se seront envolés !

Comment ce schéma a-t-il fonctionné dans votre vie jusqu'à présent ?

En ce qui me concerne, j'estime que cette façon de voir les choses est le plus sûr moyen d'avoir une vie « triste à mourir » !

Donc ma question est la suivante :

Voulez-vous une vie « sans problème », mais ennuyeuse au possible ou une vie passionnante avec des défis à relever ?

LA BASE DU CHANGEMENT REQUIERT UN ENGAGEMENT

Lors de mes séminaires, lorsque je demande aux personnes présentes de se lever pour exposer la ou les raisons pour lesquelles elles sont venues, certaines me répondent qu'elles espèrent pouvoir changer et grandir.

À votre avis, quand vous dites à votre système nerveux que « vous espérez » changer et grandir, que va-t-il se passer ? Vous essaierez peut-être, mais en général il ne se passera pas grand-chose, car vous n'êtes pas suffisamment déterminé à ce que votre vie se transforme !

Il vous incombe de prendre une véritable décision. Les meilleures clés au monde ne vous ouvriront aucune porte si votre état d'esprit continue encore de seulement « espérer ». Vous devez vraiment entrer dans une mécanique d'engagement, comme si plus rien ni personne ne pouvait vous faire changer d'avis. Une fois que vous prenez cette décision, vous vous donnez les moyens et l'autorisation de sortir de votre zone de confort.

Sans un véritable engagement de votre part, votre système de défense et de peur vous fera reculer inexorablement, car il n'est pas agréable de sortir de sa zone de confort.

Tout ce que je vais vous communiquer dans ce livre parle des principes concrets et des moments de vie que j'ai expérimentés, et qui ont fonctionné pour moi.

En somme, je ne propose pas de théorie, je vous offre du concret.

Et je suis sûr d'une chose : si cela a marché pour moi et pour des milliers de personnes à qui j'ai transmis ces clés, il en sera de même pour vous.

Ma raison d'être est non seulement de vous aider à faire voler en éclats vos blocages intérieurs, mais également de vous inciter à créer un programme basé sur la réussite, le bonheur et l'abondance, afin de vous permettre de devenir la meilleure version de vous-même. Dans la même veine, je nourris d'ailleurs cette ambition de toucher plus de 100 millions de personnes. Et pourquoi pas ?

Les principes que je vous exposerai tout au long de ce livre sont universels et appartiennent à l'humanité tout entière.

Ma force est de vous transmettre les enseignements les plus puissants de manière simple, organisée et concrète, que vous pourrez comprendre et appliquer dans votre quotidien.

Donc, la question primordiale avant d'aller plus loin est :

Êtes-vous prêt à vous dépasser et être pleinement concentré lors de la lecture de ce livre ?

Votre réponse à cette question peut faire une grande différence dans votre vie au cours des prochains mois et des prochaines années…

Êtes-vous disposé à faire ce voyage avec moi ?

Si oui, alors tournez la page !

2

Vous êtes un miracle !

« Il n'y a que deux façons de vivre votre vie : soit de voir tout comme si rien n'était spécial, soit de voir tout comme si c'était un miracle. »

— Albert Einstein

Que se passe-t-il chez la majorité des gens ?

Ils entrent de plus en plus jeunes à l'école, passent leur bac vers 18 ans, font des études universitaires, puis trouvent un job et se payent une ou deux semaines de vacances par an. Ils sont entrés dans leur zone de confort et s'arrêtent là. Ils ont un standard de vie, et suivent scrupuleusement le moule créé par leur famille ou la société.

Pensez-vous que ce soit là une vie excitante ?

Selon moi, c'est une véritable insulte envers vous-même et l'univers tout entier de ne pas tenter d'exploiter votre plein potentiel et vos talents uniques !

Soyez-en certain, vous avez, caché au fond de vous-même, au moins un talent qui vous est propre et unique, et qui fait de vous une personne extraordinaire.

Pour rendre hommage à la vie, prenez cette décision solennelle :

« À partir de maintenant, je vais honorer ma vie en devenant la meilleure version de moi-même. »

Pensez-vous que votre standard financier serait différent si vous aviez grandi entouré de milliardaires ? Je ne porte aucun jugement en posant cette question. Je veux juste vous faire comprendre que vous êtes formaté à suivre des normes, que votre subconscient pense que c'est ainsi, et qu'on ne peut pas faire autrement…

Êtes-vous décidé à faire appel à ce qui est unique à l'intérieur de vous-même et à l'exploiter à son maximum ? Êtes-vous prêt à prendre cette décision une bonne fois pour toutes ?

Sachez que nous sommes nés absolument parfaits, et pourtant, nous passons notre vie à essayer d'être quelqu'un d'autre.

N'est-ce pas le bon moment de faire enfin briller le vrai vous ?

VOUS ÊTES MERVEILLEUX

Voulez-vous savoir à quel point vous êtes merveilleux ?

Un jour, un petit spermatozoïde parmi des milliards d'autres a été le plus rapide, le plus intelligent, avec un désir ardent de vivre hors du commun, et a réussi à entrer dans l'ovule en premier et avant tout le monde. Il avait un fort désir de vivre sa vie à son maximum.

Ce spermatozoïde… c'est VOUS !

Parmi des milliards d'autres, vous êtes le plus intelligent, le plus extraordinaire avec le plus haut niveau de détermination !

Vous incarnez un véritable miracle, cela ne fait aucun doute !

Sans que vous y pensiez, votre cœur bat plus de 100 000 fois par jour et pompe 6 000 litres de sang à travers un réseau de vaisseaux sanguins qui, si on le mettait d'une extrémité à l'autre, mesurerait plus de 80 000 km (oui, vous lisez bien), soit assez pour faire deux fois le tour de la terre à hauteur de l'équateur !

Vos yeux distinguent plus de 10 millions de couleurs différentes.

Si vous mettiez l'ensemble de vos muscles à tirer dans la même direction, vous pourriez tirer plus de 25 tonnes.

Votre odorat permet de distinguer plus de 10 000 odeurs différentes.

Vos 206 os se coordonnent parfaitement pour aller quasiment dans toutes les directions.

Vous pouvez ressentir des milliers d'émotions, vous permettant d'expérimenter la vie sous toutes ses formes.

Votre cerveau est sans aucun doute l'ordinateur le plus élaboré du monde. Il est composé de près de 100 milliards de neurones et capable d'intégrer plus de 400 milliards d'informations par seconde ! Et pour couronner le tout, votre cerveau permet de fonctionner pendant plus de 80 ans avec aussi peu d'électricité qu'une ampoule de 10 watts !

Votre système nerveux est automatique, et tout cela sans même que vous ayez à penser à quoi que ce soit ! N'est-ce pas merveilleux ?

Nous cherchons toute notre vie à nous convaincre que nous sommes extraordinaires, alors que nous le sommes dès notre conception !

Vous êtes un être illimité, avec de « super pouvoirs », et si vous appreniez à diriger correctement cette merveilleuse machine constituée de votre corps, votre cerveau et vos émotions, vous seriez capable d'absolument tout... en particulier de concevoir la vie que vous désirez.

Malheureusement, trop souvent nous oublions à quel point nous sommes extraordinaires. Nous doutons, hésitons et critiquons. Cela paralyse nos capacités et inhibe notre potentiel.

Réussite Maximum a pour objectif d'éveiller votre potentiel et de commencer à l'exploiter à son maximum, et cela dans un seul et unique but : façonner la vie que vous souhaitez.

ENLEVEZ LA BOUE

Dans les années 50, dans un monastère en Thaïlande, trônait une énorme statue très ancienne, faite de terre et d'argile.

Les moines en avaient pris soin pendant plus de 500 ans et ils avaient fini par la vénérer.

Malgré les tempêtes, les invasions et les changements de gouvernement, la statue était toujours là.

Un jour, le gouvernement thaïlandais décida de construire une autoroute et les moines, forcés de déplacer la statue, la transportèrent dans un nouveau monastère.

Pendant le transport, les moines se rendirent compte que la statue était particulièrement lourde et pour ajouter aux difficultés du voyage, il commença à pleuvoir.

Le moine supérieur ordonna de couvrir immédiatement la statue en voyant qu'elle commençait à se craqueler.

Durant la nuit, le supérieur, muni d'une lampe torche, se leva pour jeter un œil à l'état de la statue d'argile. Il inspecta la statue de partout, et soudain… Surprise ! Il fut ébloui par un éclair doré étincelant.

Curieux et intrigué, avec l'aide d'autres moines, il enleva une partie de la couche d'argile…

Et voici ce qu'ils découvrirent…

À l'intérieur de cette simple statue d'argile, on retrouvait une des plus belles et grandes représentations du Bouddha, en or massif.

Aujourd'hui, cette statue est au Wat Traimit à Bangkok.

Elle pèse plus de 5 tonnes et vaut plus de 200 millions de dollars. C'est la plus *grosse statue en or du monde.*

Cette magnifique statue en or avait été recouverte d'argile pour la protéger des invasions et des conflits.

Pourquoi est-ce que je vous raconte cette histoire ?

Malgré la boue, les peurs, les doutes et les blessures passées de votre vie, derrière tout ça, il y a ce bouddha d'or à l'intérieur de vous d'une valeur inestimable.

Vous êtes un être exceptionnel dissimulé sous une couche d'argile ! Ne vous fiez pas à votre apparence. Vous êtes beaucoup plus que ce que vous pensez !

Vous valez beaucoup plus que cinq tonnes d'or !

Il vous faut juste nettoyer les couches de croyances négatives, les peurs, les blocages et les enseignements erronés pour que vous puissiez enfin briller comme vous le méritez.

Êtes-vous prêt à faire briller votre « bouddha d'or » et créer une vie exceptionnelle ?

RESPECTEZ-VOUS !

Le mot « Genshai » est un ancien mot hindi qui veut dire : « Ne jamais traiter quelqu'un de manière inférieure » y compris soi-même. Cela implique que vous voyez les autres, le monde et vous-même sous leurs meilleures facettes et vous n'acceptez rien d'autre que le meilleur.

Vous pouvez prendre cette décision dès maintenant : « Je ne tolérerai plus la médiocrité et je n'accepterai plus que le meilleur, quoi qu'il arrive, parce que je mérite beaucoup plus dans ma vie. »

Et si vous commenciez à cultiver la philosophie du « Genshai » à partir de maintenant dans votre vie ?

TOUT EST UN CADEAU

À la suite du décès de mon père, j'ai vécu cette séparation comme une malédiction, ce qui rendait ma vie plutôt misérable. C'est au moment où j'ai choisi de le voir sous un nouvel angle que ma vie a pris un nouvel essor.

Au lieu de me dire : *Pourquoi ce malheur m'est-il arrivé ?*, je me suis dit un jour : *En quoi cet événement a été bénéfique dans ma vie ?*

C'est là que je me suis rendu compte que cette épreuve m'a permis de tirer ma première grande leçon : « La vie revêt une valeur inestimable. Nous avons une chance inouïe d'être là ! »

Aussi, cela m'a donné de la force, de la clarté sur ce qui est vraiment essentiel dans l'existence.

Les moments les plus difficiles sont ceux qui nous font le plus grandir. Ils sont en quelque sorte des « cadeaux de l'univers » pour nous offrir l'opportunité d'évoluer, d'apprendre, de grandir en tant qu'être humain.

« La vie est un cadeau. Tout est un cadeau. »

— Alice Summer Herz, pianiste professionnelle,
survivante du camp de concentration à Auschwitz,
décédée à l'âge de 109 ans

Alice Summer Herz est née à Prague en 1903. À l'âge de 39 ans, elle était devenue une pianiste accomplie. Mais en 1942 sa vie est bouleversée et prend un tour tragique. Toute sa famille est arrêtée par les nazis et expédiée en camp de concentration. Sa mère et son père sont tués, mais elle survit avec son fils parce que les nazis voulaient sortir un film de propagande et ils avaient besoin de ses talents de pianiste.

Elle passait ses journées sur le sol gelé de terre battue à rassurer son fils en se demandant comment ils allaient survivre.

Elle savait que le moment venu, elle n'aurait que quelques minutes pour se préparer avant de se produire. Si ses ravisseurs n'étaient pas satisfaits, son fils et elle seraient exterminés le jour même.

Étrangement, elle découvrit une façon, non seulement de survivre, mais de s'épanouir.

Alice éprouve plus de joie en un seul jour que la plupart des gens toute leur vie durant. Elle est pour nous un témoignage vivant de ce que l'esprit humain peut surmonter et accomplir.

« Je regarde du côté du bien, je sais que le mauvais existe, mais je regarde les bonnes choses », disait-elle.

Les gens venaient de partout dans le monde pour lui rendre visite dans son petit appartement de Londres, pour découvrir sa formidable énergie.

Étonnamment, elle ne nourrissait aucun sentiment de haine par rapport à ce qu'elle avait enduré dans le passé. Elle était même reconnaissante et pleine de gratitude.

« Je suis reconnaissante d'être passée par là, parce que ça m'a donné une certaine richesse que les autres n'ont pas. Ma réaction à la vie ne dépend pas de celle des autres. »

« Tout le monde se plaint que c'est terrible ! Mais ce n'est pas si terrible… »

Elle souriait même en disant : « Il faut bien qu'il y ait du mauvais ! La haine ronge l'âme de celle qui hait, pas de celle qui est haïe. »

Depuis le début de ma vie, je n'ai cessé de dire : « Tout est un cadeau, absolument tout ! »

Êtes-vous prêt à transformer vos difficultés en opportunités pour vous élever ?

Cela fait toute la différence entre une vie banale et une vie spectaculaire.

Vous avez TOUT en vous pour faire un véritable chef-d'œuvre de votre vie, qui inspirera des milliers de personnes sur votre chemin.

Pour cela, il vous faut assimiler le premier principe essentiel, qui est…

SOYEZ 100 % RESPONSABLE

« Être libre signifie, avant tout,
être responsable vis-à-vis de soi-même. »

— Mircea Eliade

Que vous l'acceptiez ou non, tous les résultats que vous avez actuellement, vos revenus, votre physique, vos relations, votre santé, tout ce que vous avez et tout ce que vous expérimentez, vous en êtes 100 % responsable.

Probablement qu'au fond de vous un vent de protestation s'est levé à la lecture de cette phrase.

Vous vous dites peut-être: *Max, jusqu'à présent, j'ai beaucoup apprécié ce que tu as dit, mais alors maintenant, tu dépasses les bornes!*

Quand j'annonce cela devant des milliers de personnes lors de mes séminaires, je sens instantanément des résistances venant de la majorité de la salle.

Je vais être sincère avec vous, comme je vous le précisais, je ne suis pas là pour vous dire ce que vous avez *envie* d'entendre, mais ce que vous avez *besoin* d'entendre.

Mon but n'est pas de gagner un concours de popularité, mais de vous aider véritablement à créer la vie que vous désirez.

Et pour cela, il faut bien que quelqu'un vous dise la vérité.

Je le répète: vous êtes 100 % responsable de TOUS vos résultats actuels.

Vous avez des finances au seuil minimal?

Vous avez une relation qui ne vous plaît pas?

Votre corps n'est pas à votre goût?

Vous ne vivez pas le bonheur que vous désirez?

Allez vous regarder dans un miroir, et prenez conscience que la personne que vous voyez est la seule personne responsable de ces résultats!

Ce qui est merveilleux quand vous acceptez cette vérité, c'est que vous devenez enfin maître de votre vie.

Tant que vous blâmez ou jugez quelqu'un d'autre que vous-même responsable pour vos résultats, vous vous mettez alors en position de victime.

Se comporter en victime n'est pas digne de vous et du bouddha d'or que vous êtes !

Tant que vous restez dans un tel schéma, vous êtes emprisonné, et vous ne pouvez rien changer à votre situation, car vous attendez que cela vienne de l'extérieur.

Pouvez-vous modifier le passé ?

Pouvez-vous changer les autres ?

C'est sûrement ce que vous tentez de faire depuis des années… Est-ce que cela a fonctionné jusqu'à présent ?

Pas vraiment, n'est-ce pas ?

Tant que vous cherchez à changer les choses à l'extérieur de vous-même, vous êtes voué à expérimenter frustration, douleur et échec.

Un jour, j'ai entendu dire ces phrases qui ont tout changé pour moi :

« Si je veux changer les choses, JE dois changer. »

« Si je veux que les choses s'améliorent, JE dois m'améliorer. »

C'est facile de critiquer, juger, mettre la faute sur l'autre, mais cela requiert du courage d'accepter la vérité et de prendre sa vie en main.

Dès que vous devenez 100 % responsable de ce qui vous arrive, vous avez alors le pouvoir de changer les choses !

Vous devenez le capitaine de votre vie, et vous pouvez diriger votre barque là où vous le désirez.

Quand vous arrivez à un point où vous en avez « marre d'en avoir marre », je me réjouis d'avance pour vous, car c'est le point de départ d'un véritable changement dans votre vie.

Il y a encore quelques années, malgré une situation financière, émotionnelle et relationnelle quasi nulle, j'avais toujours une foule d'excuses pour justifier mes résultats médiocres.

« C'est à cause de mes parents, je n'ai pas vécu une enfance heureuse. »

« Je n'ai pas de diplôme, je ne peux donc pas réussir. »

« Je n'ai pas de chance en amour. »

« Je ne suis pas né dans le bon pays pour réussir dans les affaires. »

« Je n'ai pas d'expérience. »

« Je suis trop jeune pour qu'on me prenne au sérieux. »

Et ainsi de suite…

Résultat : les choses empiraient.

Le jour où j'en ai eu marre d'en avoir marre, j'ai coupé net avec ce mode de pensée et j'ai pris une véritable décision.

Savez-vous ce qu'est une véritable décision ?

Décision vient d'un mot latin qui veut dire « inciser » et « couper avec le passé ».

Alors que mes revenus oscillaient entre 800 et 1500 euros par mois depuis 2 ans et demi, je revenais d'un rendez-vous d'affaires infructueux.

À ce moment-là, je vivais encore chez ma mère, et en entrant dans la maison, je l'entends discuter avec ma sœur dans le salon juste à côté.

Leur conversation me concernait, et sans savoir que j'étais là, voici ce qu'elles se disaient : « Oh, ne t'inquiète pas, c'est une bonne expérience pour Max, mais tôt ou tard, il prendra un travail comme tout le monde ! »

Choqué, j'ai couru dans ma chambre en colère, et je me suis dit : *Ce n'est pas croyable ! Même ma famille ne croit pas en moi, personne ne croit en moi.*

Tout d'un coup, j'ai compris ce qui se passait. Ma famille ne croyait pas en moi, car je ne croyais pas en moi-même !

En réalité, j'invoquais une tonne d'excuses et j'avais peur de passer à l'action. Je n'avais pas encore pris ma véritable décision de réussir.

Ce jour-là, j'ai compris que je ne pouvais pas continuer à chercher des excuses en espérant créer la vie de mes rêves.

Cette phrase a été pour moi comme un déclic, et c'est à cet instant précis que j'ai pris une décision ferme.

J'ai décidé de faire et non plus d'essayer de faire !

Je n'étais plus le petit jeune timide, sans confiance en lui, sans expérience ni diplôme. J'avais à présent la voix, la posture et l'attitude d'un homme d'affaires.

J'ai décidé qu'à partir de ce jour, ma vie allait être différente, que je n'allais pas écrire un nouveau chapitre, mais un nouveau livre, comme on prend un nouveau départ.

Ce jour-là, je me suis engagé avec toutes mes tripes et toute ma conviction à créer une vie exceptionnelle !

Et c'est exactement ce qui s'est passé.

Je vous invite de tout cœur, vous aussi, à prendre une réelle décision pour engendrer la vie de vos rêves.

Pourquoi attendre ? Quelle décision pouvez-vous prendre maintenant ? Au moment même où vous lisez ces lignes ?

Allez-vous continuer à critiquer, blâmer ou inventer des excuses à l'extérieur ou allez-vous prendre la décision incontestable de changer les choses ?

Votre passé n'est pas garant de l'avenir, quelle que soit votre situation actuelle, vous avez le pouvoir de changer les choses et de créer une nouvelle vie.

Le point de départ de tout changement est de prendre une DÉCISION : celle de devenir 100 % responsable.

Cessez d'attribuer la faute à autrui.

Abandonnez le blâme et les accusations.

Prenez votre vie en main !

3

Le processus ITSMYTREE™

Le Processus ItsMyTree™ est composé de sept éléments qui fonctionnent en symbiose, comme les roues d'un engrenage.

Chaque étape est essentielle. En appliquant ces principes, vous obtiendrez des résultats qui vous étonneront !

ItsMyTree™

La sève symbolise le degré d'énergie dans votre vie. Sans énergie, il n'y a pas de vie. Vous découvrirez comment optimiser votre énergie mentale, physique et émotionnelle.

Vos racines représentent vos rêves, vos valeurs et ce que j'appelle « votre raison d'être ». C'est la fondation de votre réussite. Plus vos racines sont fortes et ancrées, plus votre arbre prendra de la hauteur.

Vos forces symbolisent vos croyances.

Ces « forces invisibles » ont le pouvoir soit d'anéantir vos aspirations, soit de les manifester concrètement.

Transformer vos croyances limitatives en croyances constructives, voilà une étape capitale pour votre réussite qu'on ne doit certainement pas prendre à la légère !

Le tronc représente vos deux As : l'Attitude et l'Action, qui fonctionnent main dans la main pour prendre de l'altitude dans votre vie. Quand vous avez deux As dans votre jeu, vous gagnez quasi à tous les coups. Vous découvrirez comment utiliser le pouvoir de l'attitude et l'action pour transformer vos désirs en réalité.

Vos branches symbolisent les huit différents domaines de votre vie. Chaque branche est importante pour votre bien-être et votre croissance. La grande majorité des gens vivent de façon déséquilibrée, car ils mettent trop de poids sur l'une d'elles au détriment d'une autre. Vous prendrez conscience de la dimension de vos branches et comment harmoniser les différents domaines de votre vie. N'est-ce pas passionnant ?

Ensuite, vos fruits représentent vos résultats ainsi que la contribution que vous apportez dans le monde. Vous apprendrez à mesurer vos résultats dans le but de les améliorer et comment vous pouvez cueillir des fruits juteux et délicieux !

Finalement, je vous livrerai l'un de mes plus grands secrets : comment créer un environnement favorable pour accélérer votre croissance et votre réussite de manière spectaculaire.

J'ai choisi de représenter ce processus et ses principes autour d'une image, un symbole, si simple que vous ne pourrez plus jamais l'oublier : l'arbre !

L'arbre représente votre vie, d'où le nom « It's My Tree » (C'est mon arbre), ce qui pourrait être traduit par « C'est ma vie ».

L'arbre, le poumon de notre terre, est le symbole de la croissance et de l'oxygène indispensable à notre existence terrestre.

Les différentes parties de l'arbre représentent le processus contenant les principes clés qui vous permettront de devenir un véritable « magicien créateur » de votre vie.

À travers ce symbole, j'ai rassemblé toutes les clés essentielles que j'ai moi-même découvertes, apprises et mises en pratique.

Lorsque vous étudiez et que vous vous efforcez d'appliquer en profondeur les principes fondateurs de symbole, vous ne pouvez qu'obtenir une amélioration importante dans tous les domaines de votre vie. C'est aussi simple que cela.

C'est grâce à ce processus que je suis doté d'une vitalité hors du commun, que je jouis de relations harmonieuses et que je suis devenu millionnaire avant l'âge de 30 ans.

Je l'utilise aujourd'hui dans chacune de mes entreprises, et cela fait des merveilles !

Au cours de mes formations et séminaires, j'ai transmis ce processus à des dizaines de milliers de personnes.

Je suis comblé de bonheur de recevoir chaque jour des témoignages de réussite et de succès de la part de participants qui l'ont mis en application quotidiennement. Et je me réjouis d'avance de vous lire ou de vous rencontrer lors d'un de mes séminaires, pour découvrir les victoires personnelles que vous aurez obtenues après avoir lu ce livre.

Ce processus vous aidera à croître en tant qu'être humain, à devenir une meilleure version de vous-même et à réaliser tous les objectifs que vous vous êtes fixés.

Vous deviendrez alors une source d'inspiration pour les autres.

Dès que vous croiserez un arbre, cela vous rappellera que votre vie est entre vos mains, et que vous avez le pouvoir de réaliser tout ce que vous désirez.

Tout comme Michel-Ange avait les clés et le bon état d'esprit pour créer chef-d'œuvre après chef-d'œuvre, vous aurez les clés pour créer le vôtre !

Pour moi, il n'y a pas de « vie parfaite », comme elle « devrait être » ou comme elle a été forgée par la publicité et le regard d'autrui.

Je crois que votre vie est réussie et parfaite, si elle est en accord avec vos aspirations profondes.

Peu importe ce que font les autres ou ce que les autres voudraient que vous soyez !

Chacun a des rêves, des désirs et des objectifs différents.

Mon rôle est de vous aider tout d'abord à déterrer ces rêves et désirs enfouis au fond de vous-même, puis de vous aider à transformer ces rêves en réalité.

Êtes-vous prêt à relever ce challenge ?

Notez que le processus que vous allez découvrir vous permettra d'enclencher des changements rapides, mais les résultats nécessitent du temps et de la patience, et cela peut différer d'un individu à l'autre.

Les résultats extraordinaires n'arrivent pas du jour au lendemain ni par un coup de baguette magique, mais par l'étude, l'assimilation et l'application constante des principes que contient ce processus, tout comme un chêne de 30 mètres de haut ne s'est pas élevé en un jour.

Soyez patient, suivez chaque étape du processus ItsMyTree™ et voyez votre vie prendre un tout nouvel essor !

Le bonheur ne se trouve pas seulement dans la réalisation de vos objectifs, mais à chaque étape de votre chemin.

ItsMyTree™, c'est un symbole, un processus, sept étapes pour des résultats extraordinaires.

J'ai créé un test sur Internet qui vous permet de mesurer où vous en êtes dans votre vie en moins de cinq minutes.

Ce test personnel vous permet d'avoir une cartographie en couleurs de votre arbre de vie et de prendre conscience des parties à améliorer.

Avant de continuer la lecture de *Réussite Maximum*, je vous invite à effectuer votre test et à vous rendre dès maintenant sur :

www.reussitemax.com/itsmytree

Êtes-vous prêt à devenir une meilleure version de vous-même ?

Alors, tournez la page !

4

La sève

« Tout ce qui existe est énergie. »

— Albert Einstein

Tout ce qui vous entoure.

Tout ce que vous êtes.

Tout ce qui est… est *énergie.*

La sève de votre arbre représente votre énergie, et l'énergie est l'étincelle qui enflamme votre vie.

Si nous allions ensemble dans un laboratoire de recherches et que nous mettions votre main sous un microscope dernier cri, au début que verriez-vous ?

La peau de votre main !

Et si nous faisions un zoom, que verrions-nous ?

Des atomes.

Et en zoomant encore plus ?

Des neutrons et des protons.

Et après ?

Des électrons !

Et si l'on zoomait encore ?

Nous verrions du quark.

Et encore ?

Des gluons ?

Et ensuite ?

Nous découvririons quelque chose de fascinant et qui a donné naissance à la physique quantique.

Nous verrions de l'énergie !

Cette source d'énergie dont vous êtes composé est aussi celle qui compose chaque particule de cette planète.

Il est très important que vous compreniez que la manière dont vous gérez votre énergie a un impact phénoménal sur votre capacité à créer la vie de vos rêves.

En ce moment même, vous avez une énergie « basse », « moyenne » ou « élevée » ?

Vous ne pouvez pas créer la vie de vos rêves en énergie basse. Tout changement constant ne peut s'effectuer qu'en énergie élevée.

La qualité de votre vie est directement liée à votre niveau d'énergie. Si vous vivez en énergie basse, il y a de fortes chances que vous luttiez pour survivre financièrement et psychologiquement.

Vous vivez en énergie moyenne ? Je parie que votre vie est « passable ». Il est fort probable que si l'on vous pose la question « Comment vas- tu ? », vous répondiez « Ça ne va pas si mal, mais ça pourrait être mieux ».

Vous vivez en énergie élevée ? Votre vie est alors fantastique, vos projets avancent, vos finances et vos relations se portent à merveille.

Rappelez-vous, TOUT est énergie, et vous ne pouvez rien créer sans énergie.

Pour transformer vos problèmes en opportunités, vos peurs en moteurs et vos rêves en réalité, vous devez être capable d'augmenter votre énergie de manière conséquente !

Qui est responsable de votre niveau d'énergie ?

Vous l'avez compris, c'est vous !

C'est la manière dont vous gérez votre monde intérieur qui permettra de créer de l'énergie élevée malgré les difficultés extérieures.

Rappelez-vous :

**Si je veux changer mon monde extérieur,
je dois changer mon monde intérieur.**

Et dans ce cas plus précis, votre niveau d'énergie.

Qu'est-ce qui produit de l'énergie dans votre vie ?

Ce sont vos pensées, vos émotions, vos actions, ce que vous mangez, la manière dont vous bougez, l'environnement dans lequel vous vivez, qui soit élèvent, soit détruisent votre énergie.

Si vous restez assis devant un ordinateur huit heures par jour sans bouger, comment sera votre énergie tout au long de la journée ?

Elle sera basse. Il vous sera alors difficile d'avoir de l'énergie à donner à vos proches ou à vos projets.

Si vous êtes entouré de gens négatifs dans un environnement stressant, vous allez en permanence perdre votre énergie, ce qui rendra quasi impossible la réalisation de vos rêves.

Des études scientifiques ont même prouvé que notre environnement (le climat, l'énergie des lieux), mais aussi nos pensées ont une incidence sur notre ADN ! Les émotions négatives comme le stress, la colère, l'anxiété abaissent nos réserves d'énergie, alors que les pensées d'amour, de compassion régénèrent nos cellules et renforcent notre système immunitaire. On parle même de « nutriments émotionnels ».

Vous devez apprendre à maîtriser votre énergie interne si vous voulez devenir un maître créateur de votre vie !

C'est l'une des raisons principales pour lesquelles j'ai créé mes séminaires ReussiteMax® : aider les participants à élever leur niveau d'énergie.

C'est alors que la magie opère et les changements majeurs surviennent.

Rappelez-vous :

Pas d'énergie, pas d'amélioration.

Haute énergie, réussite droit devant !

Selon vous, quel est le plus grand voleur ou donneur d'énergie ?

J'ai l'intime conviction que ce sont nos émotions humaines.

VOS ÉMOTIONS SONT DES OUTILS DE CRÉATION

Littéralement, le mot « émotion » signifie « énergie en mouvement ».

Vous pouvez avoir tout l'argent que vous voulez, si vous ne vous sentez pas bien, vous aurez une vie misérable.

Il n'y a rien de plus destructeur que le stress émotionnel.

Par exemple, quand vous piquez une vraie colère, savez-vous que le corps met 72 h pour s'en remettre ?

D'après certaines recherches, 85 % des maladies ont pour cause une source de stress émotionnelle.

La bonne nouvelle est que vous pouvez apprendre à gérer vos émotions.

Vous rendez-vous compte que beaucoup de gens en Afrique n'ont rien et sont 10 fois plus heureux que la plupart des Occidentaux ?

Pourquoi ?

Parce qu'ils vivent dans la gratitude d'être simplement en vie et d'avoir de quoi manger tous les jours.

Vous pouvez être pauvre et beaucoup plus heureux que certains milliardaires. Mais bien sûr, vous pouvez aussi être heureux, avoir des milliards et en plus, contribuer à faire un monde meilleur !

Ce n'est pas ce qui nous arrive qui compte, mais notre réponse émotionnelle à la suite de cet événement.

Prenons un exemple concret.

Disons que vous avez un vase auquel vous tenez beaucoup.

Vous avez mentionné 100 fois que ce vase était précieux et qu'il fallait y faire très attention, mais un jour, un de vos enfants court en jouant à cache-cache, et « VLAM », votre vase se casse en 1000 morceaux !

Quel événement fâcheux !

Maintenant, pouvez-vous malgré cela vous sentir merveilleusement bien ?

Je sais que c'est difficile, et pourtant...

La majorité des gens exploserait de colère, sermonnerait leur enfant, le punirait et le priverait de télé pendant une semaine.

Ce qui ne ferait qu'envenimer votre émotion négative ainsi que diminuer votre niveau d'énergie.

Voici la question à un million d'euros :

Est-ce le fait que votre enfant ait cassé votre vase précieux qui vous a mis en colère ou est-ce vous qui avez utilisé ce prétexte pour laisser exploser votre colère ?

Réfléchissez un instant : pouvez-vous voir votre vase se fracasser contre le sol et choisir par exemple d'éclater de rire et de vous dire : *Bon, c'est un vase cassé, quelle belle opportunité d'en choisir un nouveau !*

Je sais que cela vous semble difficile. La question n'est pas si c'est facile ou non, mais est-ce possible ?

Et si c'est possible, c'est là votre occasion de changer votre vie.

En s'ouvrant aux champs des possibilités et en commençant à faire de nouveaux choix, notre vie prend un tout nouvel essor.

Revenons sur l'exemple de votre vase adoré. Pouvez-vous modifier le fait qu'il soit cassé ?

Non. C'est un fait, il est en morceaux. Maintenant, vous avez le choix de passer la pire journée de votre vie ou l'une des meilleures.

Cela prouve que, quels que soient les événements qui vous arrivent, ce qui va déterminer le fait que vous soyez heureux ou non, dépend du choix émotionnel que vous faites.

C'est ce que j'appelle « maîtriser votre monde intérieur ».

Vous êtes heureux et vous vous sentez bien quoi qu'il arrive. Vous transformez chaque difficulté en opportunité et chaque défaite en victoire.

Voici comment se passe le processus de création :

Vos pensées créent une émotion, qui crée une action, qui va créer une habitude, et ainsi créer votre destinée, votre vie. Et vous êtes ce que vous répétez en permanence.

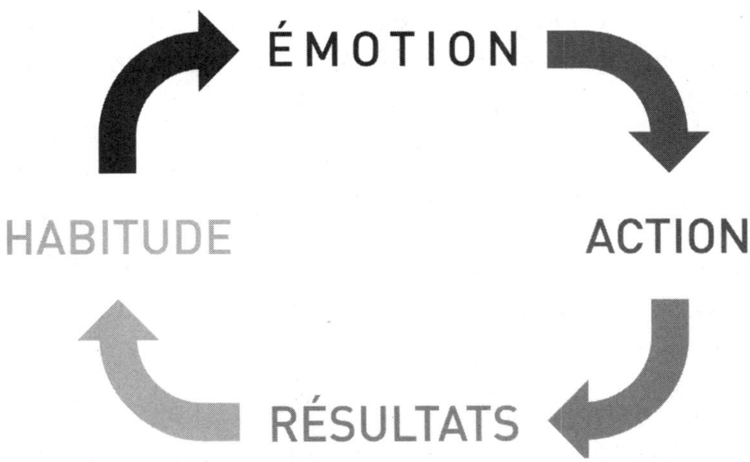

ACTIVEZ VOTRE SYSTÈME DE GUIDAGE INTÉRIEUR

La nature vous a doté d'un système de guidage intérieur.

Il vous indique si vous êtes sur le bon chemin ou pas.

Comment pouvez-vous savoir si vous êtes sur le bon chemin ? En répondant à cette simple question : Comment vous sentez-vous ?

Vous sentez-vous bien quand vous mentez, quand vous insultez quelqu'un ?

Prenons l'exemple de la main sur le feu. Si vous posez votre main sur une plaque chauffée à 130°, qu'allez-vous faire ? La laissez-vous là 10 minutes en sifflotant, ou allez-vous la retirer immédiatement ?

Vous êtes doté d'un système de réflexe qui vous préserve de certains accidents, et heureusement, parce que si la douleur et la peur n'existaient pas, nos vies seraient bien plus en danger.

La douleur, la peur ou la colère vous indiquent que vous n'êtes pas sur le bon chemin, tout simplement, et qu'il est temps de changer votre attitude ou vos choix.

Savez-vous que 300 pensées par minute vous passent par la tête, 24 h sur 24, même quand vous dormez ?

Vous ne pouvez pas écouter toutes vos pensées, mais vous pouvez prendre conscience à chaque moment dans quel état émotionnel vous êtes.

Posez-vous la question : *Comment je me sens ?* Et vous saurez immédiatement si vous êtes « sur la bonne voie ».

C'est un des plus grands cadeaux que la nature nous ait donnés.

L'ÉCHELLE ÉMOTIONNELLE

Constatez où vous en êtes sur l'échelle émotionnelle ci-dessous :

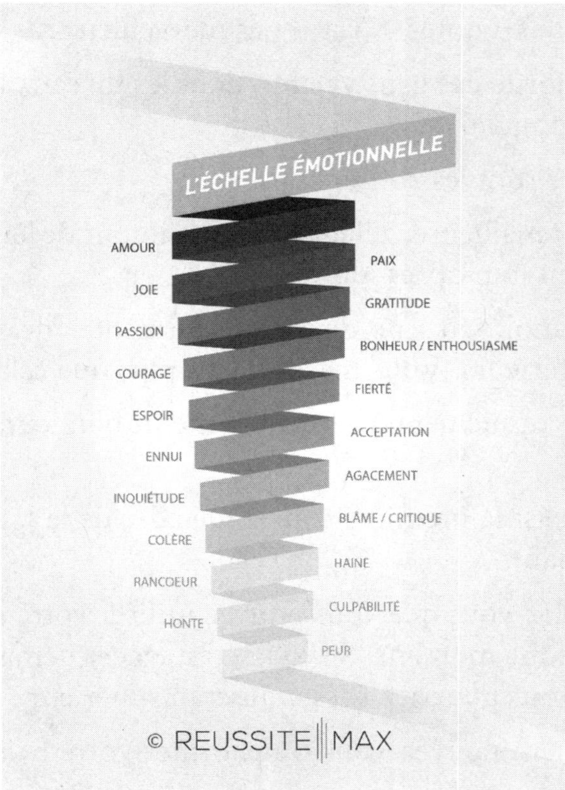

Où en êtes-vous en ce moment ? Que ressentez-vous la majorité du temps ?

Peut-être êtes-vous souvent agacé ou ennuyé ?

Peut-être vivez-vous avec des peurs constantes ou vous êtes souvent en colère contre d'autres personnes ?

Dans ce contexte-là, la vie n'est pas vraiment amusante, n'est-ce pas ?

Votre Système de guidage Intérieur vous indique que vous n'êtes pas sur le bon chemin et qu'il est important de changer votre approche ou votre point de vue.

Comprenez-vous la puissance de ce « GPS intérieur » dont la nature vous a doté ? N'est-il pas merveilleux ?

La majorité des gens vivent « dans les niveaux inférieurs » bien trop longtemps !

Quelles sont les conséquences ?

Ils sont malheureux, leur santé et l'amour de leurs proches se dégradent jour après jour.

Selon moi, vous ne devriez pas accepter de vivre à ces niveaux inférieurs. Vous méritez bien plus que cela.

Je crois fermement que vous méritez le bonheur, la richesse et l'amour.

Quelle est la première étape ? Décider de le vivre à partir de maintenant.

Rappelez-vous que vous pouvez utiliser votre système de guidage à tout moment. Si vous êtes agacé, demandez-vous comment vous pourriez passer au cran supérieur.

Comment pouvez-vous transformer votre frustration en acceptation ?

Comment pouvez-vous tourner votre colère en amour ?

Votre malheur en bonheur ?

Dès que vous ne vous sentez pas bien, rappelez-vous que vous pouvez changer votre manière d'interpréter l'événement.

Mieux vous vous sentez, plus votre énergie est élevée, plus vous attirez ce que vous désirez et plus vite vous créez la vie de vos rêves.

Connaissez-vous des gens qui sont heureux, bien dans leur peau, qui vous apprécient tel que vous êtes ?

Sont-ils heureux ?

Cela va de soi.

Sentez-vous à quel point il est agréable d'être entouré par de telles personnes ?

Cet adage : « Les oiseaux de même plumage volent ensemble » nous amène à penser que l'on attire à soi ce qui vibre à la « même fréquence » que nous-mêmes.

Mon arrière-grand-père était le premier de son village à avoir acheté une radio. Il racontait que quand les gens entendaient les voix sortir de ce gros engin, ils s'exclamaient : « C'est une bonne blague que tu nous fais, il y a forcément quelqu'un derrière qui parle ! »

Après avoir vérifié qu'il ne s'y trouvait personne, ils croyaient que c'était un tour de magie. Ils ne pouvaient pas comprendre comment une onde radio pouvait transporter le son sans fil !

Quand vous y réfléchissez, n'est-ce pas juste incroyable que vous puissiez parler avec un ami qui habite à l'autre bout de la planète, et vous voir en temps réel, par le biais de votre téléphone intelligent ?

Vous êtes comme une antenne radio. Vous « émettez » et « recevez » en permanence !

Vous voulez attirer plus de frustration dans votre vie ?

Alors, restez sur la fréquence « frustration » !

Vous voulez plus d'amour dans votre vie ?

Alors, branchez-vous sur la fréquence « amour » tout simplement !

La clé est vraiment celle-ci : n'attendez pas que les choses changent pour être plus heureux, changez vos émotions d'abord, et le reste suivra naturellement.

Quel que soit l'événement, vous avez toujours le choix d'être heureux, en colère, agacé, dans la gratitude ou l'amour !

Votre état émotionnel résulte des choix que vous faites tout au long du jour et c'est la qualité de votre vie qui en dépend.

Vous avez le pouvoir de créer la vie que vous désirez.

Pour cela, il vous faut un plan, qui vous guide pas à pas pour vous aider à le réaliser.

J'ai mis au point un processus simple et puissant qui vous guidera de l'imagination de vos rêves à leur concrétisation.

Le voici…

5

Les racines

« Il n'y a pas de passion à jouer petit, à viser une vie moindre que ce que vous êtes capable de réaliser. »

— Nelson Mandela

Savez-vous que nous n'avons aucune limite ?

Tout ce que nous pouvons imaginer, nous pouvons le réaliser.

Votre potentiel est comme un iceberg. On ne voit que 10 % de sa taille réelle.

Mais nous avons des croyances limitantes, des peurs, des doutes et des blocages qui font que nos résultats actuels sont si minces.

Et pourtant, vous pourriez être, faire et avoir beaucoup plus que ce que vous avez actuellement.

Vous pourriez vivre une vie d'abondance.

La réalité est que vous êtes né pour vivre une telle vie et que vous la méritez !

Il y a quelques années, je gagnais moins de 1000 €/mois et il était inconcevable pour moi d'en gagner plus de 3000.

Quelques années plus tard, j'explosais cette barrière en atteignant le top 1% des revenus francophones.

Aujourd'hui, l'argent n'est plus du tout un problème pour moi.

À l'âge de 21 ans, je rêvais de parler devant un grand public, cependant, j'étais terrifié à l'idée de parler devant 10 personnes.

Si vous m'aviez dit à cette époque que j'animerais un jour des salles de centaines de personnes, je vous aurais pris pour un fou.

Aujourd'hui, c'est un plaisir de transmettre ma passion et les clés de la réussite à des milliers de personnes à travers le monde.

Ce rêve est devenu réalité.

Et vous, quels sont vos rêves ? Quelles sont vos aspirations ?

Quels sont vos désirs profonds ?

Que voulez-vous VRAIMENT ?

Quels que soient vos rêves ou vos aspirations, même s'ils vous paraissent impossibles, vous avez le pouvoir de les réaliser.

« Les seules limites que nous avons sont celles que nous nous fixons. »

— Antoine de Saint-Exupéry

Soyez-en certain : vous êtes né pour vivre vos rêves !

À quoi bon en avoir si c'est pour ne pas les réaliser ?

Pensez-vous que la nature vous ait donné la capacité d'avoir des rêves sans pouvoir les manifester ?

Je crois fermement que non.

L'univers vous veut du bien, et rappelez-vous toujours cette phrase de Winston Churchill :

« Si vous pouvez le rêver, vous pouvez le réaliser. »

Les gens qui n'ont pas de rêve, je les appelle des « morts vivants ».

Ils vivent certes, mais leurs yeux ne pétillent pas.

Quand vous leur posez la question : « Comment ça va ? », ils vous répondent : « Bof, ça va… »

Vous en connaissez sûrement.

Ils ont perdu leur passion, ils ne rêvent plus, ils vont au travail à reculons, ils survivent… C'est comme s'ils avaient déjà un pied dans leur tombe.

Soyez sûr de ne pas faire partie de ces gens-là.

Rêvez grand, savourez la vie, croquez-la à pleines dents, elle est vraiment trop courte pour ne pas faire de chaque jour une source d'épanouissement.

Ou que vous en soyez dans votre existence, sortez vos rêves de vos placards, voyez plus grand et posez-vous ces questions :

Quel est le genre de vie que je veux expérimenter ?

Qu'est-ce que je veux avoir réalisé avant de quitter cette terre ?

Qu'est-ce qui compte le plus pour moi ?

Quelles sont mes passions ?

Vous avez véritablement le pouvoir de réaliser vos rêves, et ce livre vous montrera pas à pas comment y arriver.

« À la fin, ce qui compte n'est pas les années dans notre vie, mais la vie dans nos années. »

— Abraham Lincoln

Imaginez un arbre avec des racines toutes minces, non ancrées dans le sol et toutes faibles.

Que pourrait-il lui arriver ?

Au moindre coup de vent, il se déracinerait.

Les racines représentent vos rêves et vos aspirations, vos valeurs et vos objectifs.

Plus puissantes, profondes et ancrées seront vos racines, plus grand sera votre arbre (votre vie).

Votre arbre peut alors résister aux intempéries, et même aux tremblements de terre !

LE POUVOIR DE LA CLARTÉ

« Le monde ouvre les portes à l'homme qui sait où il va. »

— Ralph Waldo Emerson

Pour être bien enraciné, vous devez savoir avec clarté ce que vous voulez exactement. Que ce soit dans les affaires, dans votre relation intime, avec vos enfants ou même vos loisirs, vous devez savoir clairement ce que vous voulez.

Connaissez-vous la raison numéro un pour laquelle la plupart des gens ne vivent pas une vie réellement heureuse et épanouie ?

C'est très simple, ils ne savent pas ce qu'ils veulent !

Savez-vous clairement ce que vous voulez être, faire et avoir de la vie ?

Quand vous êtes capable de dire avec précision ce que vous souhaitez dans la vie, aussi rapidement que de décliner votre prénom, alors oui, vous êtes clair.

Par exemple s'il s'agit d'une maison que vous voulez, pour être clair vous devez pouvoir dire avec précision sa dimension, sa couleur, le nombre de portes que vous souhaitez, de fenêtres, où se situeront les pièces, dans quel environnement, dans quelle région, etc.

Devinez à qui appartient le monde ?

Au 1 % des gens qui savent précisément ce qu'ils veulent.

Plus clairs sont vos rêves, vos aspirations et vos objectifs, plus rapidement votre esprit pourra vous guider là où vous voulez aller.

Votre esprit fonctionne comme un GPS. Si vous lui indiquez une destination précise, il cherchera le meilleur et le plus rapide moyen pour vous y emmener.

Votre cerveau est l'ordinateur le plus avancé du monde, pourquoi ne pas lui demander de travailler pour vous ?

« Un homme sans objectif est
comme un navire sans gouvernail… »

— Thomas Carlyle

CLARTÉ = CONFIANCE

Avez-vous déjà conduit dans le brouillard ?

Que se passe-t-il alors ?

Vous ralentissez, et si le brouillard est très épais, vous vous arrêtez par prudence.

Dans ce cas, vous êtes plus stressé, fatigué, et cela vous prend énormément d'énergie pour avancer.

De la même manière, si vous êtes dans le brouillard en ce qui a trait à vos objectifs, vous ne pouvez pas passer la 4e ni la 5e vitesse.

D'ailleurs, vous ne savez même pas par où aller !

Alors que si vous savez clairement ce que vous voulez, vous voyez loin et vous pouvez avancer avec confiance et avec plus de certitude.

Quand vous êtes confiant, vous avancez plus vite, vous pouvez même accélérer et profiter du voyage !

La première étape pour la réalisation de quoi que ce soit commence par un rêve, une aspiration, un objectif clair et précis.

Votre cerveau déteste l'hésitation et le manque de clarté, il s'y perd comme dans le brouillard que nous venons d'évoquer, et cela vous fatiguera et vous usera.

Je vous invite à prendre le temps de répondre aux questions suivantes sur une feuille de papier ou dans votre journal de réussite :

Qui voulez-vous devenir ?

Quelles sont les qualités que vous recherchez ?

Qu'est-ce qui vous enthousiasme dans la vie ?

Poursuivez-vous des rêves en particulier ?

Que voulez-vous faire et avoir dans votre vie ?

Qui êtes-vous ?

Que voulez-vous obtenir ?

Quelle est votre raison d'être ?

Que voulez-vous laisser derrière vous ?

Que voulez-vous obtenir financièrement ?

Où vous voyez-vous dans cinq ans ?

Pourquoi est-il important de répondre clairement à ces interrogations ?

C'est très simple : partiriez-vous à l'aventure tout seul, en pleine jungle, sans boussole pour vous guider ?

Et pourtant c'est ce que font la plupart des gens.

Soyez différent. Démarquez-vous.

Vous pouvez devenir la personne que vous souhaitez devenir.

Il n'y a pas de limites à cette réalisation.

Il n'y a pas de limites à l'argent que vous pouvez gagner, au bonheur que vous pouvez vivre et à la réalisation de tout ce que vous désirez.

Vous pouvez être, faire et avoir beaucoup plus.

Comment pouvez-vous obtenir cela ?

En tout premier lieu, et comme nous l'avons vu précédemment, vous devez être clair.

Imaginez-vous entrer dans un taxi et quand le chauffeur vous demande où vous désirez aller, que vous lui répondiez : « Je ne sais pas… »

Vous l'avez compris, soit il vous prendra pour un fou ou quelqu'un d'indécis, soit vous allez rester sur place bien longtemps !

Vous devez connaître précisément votre destination.

CLARTÉ = CONFIANCE = ACTION

Quand vos idées sont claires, l'énergie et l'enthousiasme vous animent, et toute votre volonté et vos actions se dirigent dans ce sens.

VOTRE CERVEAU A BESOIN DE PRÉCISION

Si vous voulez faire partie des 1 % de gens qui sont maîtres de leur vie, alors je vous invite à commencer à vous poser les vraies bonnes questions :

Qu'est-ce que je veux vraiment dans la vie ?

Quelle est la vie que je souhaite créer ?

Croyez-le ou non, la plupart des gens passent plus de temps à planifier leurs vacances que leur propre vie !

Si vous voulez une existence extraordinaire, alors vous devez sortir de l'ordinaire.

C'est uniquement en faisant ce que la plupart des gens ne font pas que vous pourrez espérer faire de votre vie quelque chose de spécial, d'unique et de magique.

« La plus grande aventure que vous puissiez vivre, c'est de réaliser la vie de vos rêves. »

— Oprah Winfrey

Je voudrais partager une histoire très symbolique avec vous : mon ami Serge Girard, conseiller financier, décide un jour de réaliser un rêve fou.

À l'âge de 30 ans, n'ayant jamais fait de sport auparavant, il se lance dans la course à pied, inspiré par la lecture de *La Grande Course de Flanagan*, de Tom McNab, récit de la première course de fond reliant Los Angeles à New York en 1931.

En dehors de l'aspect purement physique, il découvre un véritable travail mental à effectuer.

Il croise par hasard le directeur financier dans les bureaux de son agence d'assurance, à qui il raconte son projet.

Au bout de deux heures et demie d'entretien, il ressort avec 150 000 francs en poche pour réaliser son rêve.

Cet homme était tout simplement déterminé et avait une vision claire de son objectif.

Voilà pourquoi toutes les portes se sont ouvertes pour qu'il puisse y accéder.

Il s'envole pour les États-Unis avec une détermination sans faille pour battre le record du monde de course à pied qui relie Los Angeles à New York.

Malgré des débuts difficiles, Serge se dépasse chaque jour et est déterminé à arracher ce record.

Lors de cette course, il fait une erreur de trajectoire de 55 km et se retrouve en Arizona sous un soleil de plomb avec une chaleur (+ de 40°).

Démotivé et prêt à abandonner, il pense à tous ses sponsors, ses commanditaires, tous ceux qui croient en lui et pour lesquels il est un véritable espoir.

Il place alors son but au-dessus de sa personne, et malgré sa souffrance, reprend sa course à raison de 88 km par jour, soit la distance de deux marathons !

Il relie Los Angeles – New York soit 4597 km en 52 jours et 23 heures et établit ainsi son premier record du monde !

Encouragé par cet exploit, il se lance dans des courses folles à travers les cinq continents et notamment celle de Paris – Tokyo, soit 19 097 km reliés en 260 jours et 17 heures, et sans s'accorder un seul jour de repos !

À la question que je lui ai posée un jour lors d'un de nos séminaires :

« Dans quel but cours-tu ? » Il a répondu très simplement : « J'aime courir ! »

Quant à la douleur, il l'a indéniablement acceptée comme faisant partie de lui-même. Parce que derrière la peur et la douleur, il y a le bonheur.

Il a continué en disant : « Tout le monde peut faire ce que j'ai fait, il suffit de le vouloir et d'y croire. »

Aujourd'hui, à l'âge de 60 ans, il s'apprête à faire une circumnavigation de deux ans et demi, ce qui représente un tour du monde à la rame et en course à pied, en passant deux fois l'équateur et tous les méridiens !

Croyez-vous que le mot « impossible » ait une quelconque signification pour cet homme ?

Tout comme Serge Girard, vous avez le pouvoir de partir à l'aventure et de réaliser vos rêves les plus fous.

CRÉEZ UNE VISION DE VIE

Comment Léonard de Vinci a-t-il pu concevoir et réaliser tant d'œuvres ?

Quelle était la clé de son génie ?

Quand on le lui demandait, il répondait : « Sapere Vedere », ce qui signifie savoir voir, savoir voir ce qui est invisible, pouvoir imaginer ce qui n'a pas encore été créé.

Un leader peut avoir une vision de quelque chose qu'il crée dans son imagination.

Steve Jobs par exemple, est un grand visionnaire, il a pu voir plus loin que ce qui existait déjà.

Rappelez-vous ceci :

« La vue est une fonction des yeux, la vision est une fonction du cœur. »

— Myle Munroe

À LA DÉCOUVERTE DE VOTRE RAISON D'ÊTRE

« Connaissez votre raison d'être pour éviter de passer votre vie à grimper les échelons, pour découvrir qu'une fois arrivé en haut de l'échelle, elle était appuyée contre le mauvais mur. »

— Stephen Covey

Pourquoi vous levez-vous le matin ?

Pourquoi êtes-vous réellement né ?

Êtes-vous né juste pour exercer un travail qui vous plaît plus ou moins ? Payer vos factures ? Courir après l'argent et vous stresser jusqu'à votre éventuelle retraite ?

Ou êtes-vous né pour rendre le monde meilleur, laisser une contribution derrière vous, même quand vous aurez quitté cette terre ?

Nous avons chacun une mission particulière et une raison d'être précise.

Lors de mon séminaire *Votre Destination Réussite*, quand je guide les participants à aller chercher au plus profond d'eux-mêmes quelle est leur raison d'être, nous vivons toujours des moments forts en émotions.

Certains pleurent de joie, d'autres retrouvent leur enthousiasme, mais chose certaine, tous se sentent en accord avec leur être profond.

Une participante a un jour partagé au micro : « J'ai cherché pendant des années la meilleure maison à habiter pour me sentir bien, et je viens de découvrir grâce à ma raison d'être que cette maison se trouve à l'intérieur de moi-même ! »

Nous ne sommes pas nés juste pour penser à notre propre personne, à notre besoin de sécurité, notre besoin d'importance.

Vous êtes venu au monde pour une raison particulière, vous êtes doté d'un talent unique.

Si vous ne l'exploitez pas, c'est à mon sens une insulte envers vous-même !

Vous êtes né pour offrir ce talent au monde de tout votre cœur, et du tréfonds de vous-même.

Comment vous sentez-vous lorsque vous rendez service sans rien attendre en retour ? Vous vous sentez bien.

Pourquoi ? Parce que vous avez donné votre amour, et que c'est votre condition naturelle.

Imaginez-vous pouvoir vous connecter à ce sentiment de plénitude jour après jour ?

Grâce à votre raison d'être, vous exploitez en vous des forces et un moteur qui pourra vous faire avancer et franchir tous les obstacles.

Lorsque vous découvrez au fond de votre cœur quelle est précisément votre raison d'être, cela déclenche en vous une telle propulsion que rien ne pourra vous arrêter.

J'ai trouvé la mienne à 23 ans, et cela a complètement transformé ma vie.

C'est à ce moment-là que j'ai pris mon essor dans tous les domaines de mon existence.

J'ai pris une véritable décision parce que j'ai trouvé clairement la réponse à ces simples questions :

Pourquoi suis-je venu sur terre ?

Quelle est ma raison de vivre ?

Qu'est-ce que je veux laisser derrière moi une fois que j'aurai quitté cette terre ?

J'ai alors pris conscience que je pouvais impacter du monde, je pouvais créer un monde meilleur avec mon talent et ma singularité.

Vous avez toutes et tous un talent et une particularité qui font de vous un être unique.

Le jour où j'ai compris que je pouvais améliorer tous les secteurs de ma vie, le business, mes relations, toutes mes activités et même chaque geste du quotidien, ma vie a totalement changé. J'ai alors donné le meilleur de moi-même, mon talent et mon amour, et le succès a été fulgurant !

Quelle a été la clé ?

Je n'étais plus tourné en permanence vers ma propre personne, mais ouvert sur le monde et prêt à donner le mieux sur tous les plans.

Autre anecdote très parlante : il y a quelques années, je vivais à Nice ; il y a un endroit merveilleux qui s'appelle le marché aux fleurs avec une multitude de restaurants.

Certains sont totalement vides et d'autres ont une file d'attente de 45 minutes pour avoir une table.

Comment est-ce possible ?

Les restaurants qui attirent du monde sont ceux où l'on s'occupe de la clientèle bien plus et bien mieux qu'ailleurs, où l'important est le client, son bien-être, avec le meilleur service possible et n'ont pas pour seule préoccupation de remplir la caisse !

Impossible de vivre la « crise » lorsque notre état d'esprit se soucie de toujours faire en sorte de donner le meilleur de soi-même.

C'est un peu comme lorsqu'on tombe amoureux, la vie est sublimée ! Vous vous sentez envahi par un sentiment d'amour, de bonté, de joie et de gratitude.

Combien de personnes donnent en espérant recevoir en retour ?

Votre raison d'être, c'est de vous focaliser sur des sujets qui ne sont pas seulement à propos de vous.

Les gens les plus malheureux sur terre sont ceux qui focalisent leur attention uniquement sur eux-mêmes.

La question à vous poser est : *comment puis-je, sur le chemin, contribuer à un monde meilleur ?*

Rien de tel pour découvrir son « être » et non seulement le « faire » et « l'avoir ».

Dans notre monde, à la question « qui es-tu ? », vous entendrez probablement des réponses comme « je suis médecin » ou « comptable ».

Pouvons-nous réellement associer notre métier à notre être profond ?

Nous sommes bien plus et bien mieux que cela. Nous pouvons rendre un monde meilleur par notre raison d'être, en donnant du bonheur aux autres, quel que soit notre talent.

Un musicien remplira le cœur de joie de ses auditeurs, un peintre pourra faire pleurer d'émotion par la splendeur de ses tableaux.

Lorsque vous êtes focalisé sur les autres, il y a comme un turbo intérieur qui vous anime parce que vous avez un but plus grand que vous-même.

En fait, 97 % de la population se retrouve dans le « faire » et « l'avoir ». Cette information est capitale pour votre transformation intérieure.

J'ai étudié ces aspects pendant 20 ans : découvrir pourquoi des gens qui avaient absolument tout pour être heureux ne l'étaient pas vraiment, et pourquoi d'autres qui avaient été abusés, trompés et qui n'étaient partis de rien ont finalement trouvé le moyen de réussir leur vie, et surtout d'être bien plus heureux que la moyenne.

Avant de comprendre toutes ces clés, je rêvais de posséder une Alfa Romeo rouge. Je rêvais de cette voiture, je la visualisais, j'étais même allé la tester. J'ai travaillé dur pour l'obtenir, et j'ai obtenu le résultat escompté : j'ai pu me l'acheter neuve.

Mais lorsque je l'ai acquise et que je me suis assis à l'intérieur, j'étais tellement excité que je n'ai pas su réellement l'apprécier. Je me disais : *Bon, ce n'est qu'une voiture !*

À cette époque-là, je n'avais pas encore compris la valeur de la gratitude et encore moins la puissance de son utilisation.

Je ne suis pas en train de dire que « le faire » et « l'avoir » ne sont pas importants ou que c'est mal ; il est certain que rouler dans une voiture de sport dernier modèle est bien plus agréable et classe que de rouler dans une voiture rouillée !

Avoir une vie complète et abondante, c'est ÊTRE quelqu'un d'extraordinaire, c'est FAIRE et AVOIR des choses extraordinaires !

Beaucoup de personnes ONT des choses extraordinaires, mais sont malheureusement complètement pauvres à l'intérieur et sans aucune vitalité.

Pourquoi ?

Parce qu'ils ne vivent pas en harmonie avec leur raison d'être.

Connaissez-vous l'entrepreneur américain Mark Cuban ?

Ce monsieur est un homme d'affaires à succès, mais malgré sa réussite et sa fortune, il ne se sentait pas pleinement heureux.

Il décida alors d'en gagner encore plus en créant d'autres affaires qu'il revendit avec de grands profits.

Toutefois, ne se sentant toujours pas plus épanoui et heureux, il envisagea alors d'acheter l'équipe très connue de basket-ball américain : les Mavericks de Dallas.

Cependant, bien qu'il ait fait cet achat, il éprouvait toujours ce vide à l'intérieur de lui-même. Un jour, un ami lui proposa d'aller en Inde pour offrir des fauteuils roulants à des enfants handicapés.

Après hésitation, Mark Cuban accepta et s'envola pour l'Inde.

Pendant la distribution de fauteuils roulants, un enfant qu'il venait d'installer l'agrippa par la manche et lui dit : « Ne pars pas tout de suite, je voudrais te regarder dans les yeux !

— Et pourquoi ? » lui demanda-t-il.

Et l'enfant lui répondit : « Parce que quand je serai au ciel, je voudrais me rappeler de toi ! »

Ce jour-là, il avait découvert ce qu'était le vrai bonheur et avait pris conscience de sa mission de vie et de sa raison d'être.

À son retour, il acheta et fit livrer plusieurs milliers de fauteuils. Cet homme avait compris que le bonheur, c'est de donner.

Vous pouvez posséder tout ce que vous voulez, mais s'il n'y a pas cette raison d'être qui vous anime, vous ne serez jamais pleinement heureux.

En passant, il n'y a aucun mal à être riche, bien au contraire, plus vous serez riche, plus vous pourrez donner et contribuer au bonheur des autres.

Un jour, j'ai entendu cette phrase qui m'a réconcilié avec l'argent : « Si vous voulez aider les pauvres, soyez sûr de ne pas en devenir un ! »

Pensez-vous que les œuvres de Beethoven ou Mozart continuent d'élever et d'inspirer des millions de gens à travers le monde ?

Et que dire de Michael Jackson ?

Il s'est investi corps et âme, et a exploité son talent principal de musicien avec tellement de cœur, qu'il a touché des millions de gens et il continue de les inspirer, même de nombreuses années après sa mort.

Allez à la recherche de votre raison d'être et agissez en accord avec elle.

Quand vous faites cela, c'est comme si l'univers conspirait pour vous en votre faveur, les portes s'ouvrent, la passion se réveille et votre vie devient alors magique !

DÉFINISSEZ VOS OBJECTIFS

Prenez un moment pour définir vos objectifs en utilisant la puissante formule P.A.T.E.P. pour les clarifier :

Précis

Axés sur l'**A**ction

Temporels

Émotionnels

Écrits au **P**résent

Exemple :

« Le 12 mars 2020, je vis dans une villa blanche moderne de 230 m² avec vue sur mer à Cannes, avec de grandes baies vitrées, une piscine à débordement, un intérieur blanc au design italien. Pour cela je développe avec enthousiasme un réseau de 7 magasins regroupant un total de 1800 clients et un chiffre d'affaires de 900 000 €. »

Il y a trois types d'objectifs :

1. Ce que vous voulez ÊTRE.
2. Ce que vous voulez FAIRE, réaliser, accomplir, expérimenter.
3. Ce que vous voulez AVOIR.

Notez selon la formule P.A.T.E.P., ce que vous voulez ÊTRE sur une feuille de papier ou dans votre journal de réussite :

Notez selon la formule P.A.T.E.P. ce que vous voulez FAIRE, toujours sur une feuille de papier ou dans votre journal de réussite :

Puis, prenez soin de noter, sur une feuille de papier ou dans votre journal de réussite, selon la formule P.A.T.E.P., ce que vous voulez AVOIR :

Félicitations !

Vous faites partie des 3 % de gens qui savent clairement ce qu'ils veulent.

Si vous n'avez pas pris le temps d'écrire vos objectifs, quand allez-vous le faire ?

La procrastination est l'un des assassins de la réussite. Ne vous faites pas piéger en remettant au lendemain cet exercice de clarification.

Rappelez-vous, quand vous êtes clair, le chemin s'ouvre et il vous suffit de foncer droit devant !

Une fois que vos racines se sont bien ancrées et renforcées, il est temps pour vous de passer à l'étape suivante…

6

Les forces

« Que la force soit avec toi ! »

— Maître Yoda

Pour qu'un arbre puisse pousser, il a besoin de « forces » qui le tirent vers le haut. En effet, pour grandir, il puise dans plusieurs éléments, par exemple un sol fertile, de l'eau et du soleil.

À l'inverse, un arbre peut mourir s'il manque de nutriments, d'eau, de soleil ou encore s'il est attaqué par des insectes nuisibles ou par certaines plantes qui lui volent son oxygène. Il est alors aux prises avec des « forces » qui travaillent contre lui.

En tant qu'être humain, nous avons nous aussi besoin de « forces » pour nous aider à nous développer et à nous faire grandir.

Étrangement, ces forces peuvent aussi être responsables de transformer votre vie en un enfer. Tout dépend si vous les utilisez avec ou contre vous.

Quelles sont ces forces ?

Elles représentent vos pensées et votre système de croyances.

Meilleure est la qualité de vos pensées et de vos croyances, meilleure est la qualité de votre vie.

RÉGLEZ VOTRE « PROGRAMME INTÉRIEUR »

La somme de vos forces représente votre « programme intérieur ». Ce programme est comme le logiciel d'un ordinateur qui a été programmé pour atteindre un certain résultat.

Le problème est que la grande majorité des gens ont été programmés à échouer, à ne pas avoir confiance en eux, à se chercher des excuses, à remettre la faute sur les autres et à croire que réussir est difficile et réservé à certains !

C'est très simple : soit vous avez un programme intérieur réglé sur l'échec, soit vous en avez un réglé sur la réussite.

Vous arrive-t-il régulièrement de décider quelque chose (comme de prendre une résolution au Nouvel An), et sans savoir pourquoi, dès que vous prenez la décision, c'est comme si quelque chose fonctionnait contre vous ?

Vous ne pouvez pas l'expliquer, vous voulez le faire, vous le voulez vraiment, vous savez même qu'il faut le faire, mais ça n'arrive jamais... Et après quelques semaines, mois ou années, rien n'a changé...

Quelles sont ces forces qui fonctionnent contre vous ?

C'est votre programme intérieur qui s'est mis en marche pour vous saboter votre initiative !

Vous avez deux types de forces :

Vos forces conflictuelles : les croyances qui vous bloquent et qui sont en conflit avec ce que vous voulez, et croyez-moi, il y en a énormément !

Vos forces positives : les croyances qui sont positives, qui vous poussent dans la direction que vous voulez.

Quand vos croyances sont en harmonie avec ce que vous voulez, vous êtes en accord, il n'y a pas de conflit ; dans ce cas vous avancez et réussissez.

Quand vos croyances sont en conflit avec ce que vous êtes ou ce que vous voulez, il s'agit d'autosabotage.

La plupart des gens ont ce que l'on appelle des croyances « limitantes » ainsi que des croyances « conflictuelles » qui sabotent leur vie.

Se désenchaîner de ces croyances est sûrement le plus important travail à faire pour libérer votre potentiel.

C'est un peu comme une danse : deux pas en avant, un pas en arrière, un pas en avant, trois pas en arrière.

Quoi que vous fassiez, vous restez à la même place, vous gaspillez beaucoup d'énergie et rien n'évolue, ou pas grand-chose.

Prenons un exemple : vous voulez arrêter une mauvaise habitude comme cesser de fumer.

Si vous vous dites : *Je dois arrêter de fumer* et que vous avez une croyance conflictuelle qui vous dit : « Oui, mais je me sens bien quand je fume », vos chances d'arrêter la cigarette sont maigrelettes !

C'est la même chose pour attirer plus d'argent ou de meilleures relations dans votre vie ou quoi que ce soit d'autre !

DÉNOUEZ LES NŒUDS

Vous arrive-t-il d'être désorienté ou de sentir ces nœuds en vous ?

Vouloir n'est pas assez, il faut créer un accord parfait, tout comme un chef d'orchestre cherche l'harmonie parmi ses musiciens.

Prenons un autre exemple, cette fois-ci avec deux croyances conflictuelles, ancrées dans votre subconscient.

Vous voulez augmenter vos revenus.

Vous avez une croyance positive qui vous dit : « Gagner de l'argent est important, car cela est nécessaire pour mettre à l'abri ma famille et vivre confortablement ».

Malheureusement, si vous avez développé une autre croyance qui vous dit : « L'argent change les gens et les rend avares et méprisants », que se passe-t-il dans votre système nerveux ?

Une croyance vous encourage à gagner de l'argent, l'autre vous en empêche, car vous ne voulez pas devenir avare et méprisant.

Votre système nerveux sabotera les opportunités pour gagner plus d'argent ou fera en sorte de les éviter.

Vous avez une croyance conflictuelle inconsciente qui vous limite et qui vous bloquera encore et encore.

Combien peut vous coûter d'avoir un programme intérieur conflictuel ou limitatif ?

Beaucoup trop !

Quand vous y pensez, cela peut représenter une perte d'argent ou une « perte de bonheur » qui entraîne des conséquences dans une vie, si l'on ne s'y attaque pas sérieusement !

Petite parenthèse, par expérience, l'argent ne change pas les gens. Il a tendance à amplifier ce que l'on est.

Si vous êtes quelqu'un de bon, l'argent vous permettra de devenir encore meilleur, car avec de l'argent vous pouvez aussi offrir et donner plus.

Vos forces conflictuelles sont en quelque sorte des « voleuses de vie ».

Elles sont présentes dans tous les domaines et vous limitent à chaque instant pour devenir la personne que vous pourriez être.

Même chose dans votre vie sentimentale.

Que se passe-t-il si vous avez une croyance disant : « L'amour me rendra heureux » et une autre croyance qui vous dit : « Je n'aime pas l'engagement, il y a trop de contraintes, et je risque de perdre ma liberté » ?

À nouveau, il y a conflit, et chaque fois que vous pourriez attirer une personne dans votre vie avec qui vous pourriez vivre en harmonie et de manière heureuse, qu'allez-vous faire ?

Sans vous en rendre compte, vous allez saboter vos relations l'une après l'autre. Vos croyances se manifestent, jusqu'à se comporter de manière bizarre ou inventer des histoires imaginaires.

Rappelez-vous, votre subconscient prendra toujours le contrôle tant que vous ne l'aurez pas entraîné à croire à quelque chose de différent.

Comprenez-vous à quel point cet élément est essentiel ?

Quand vous arrivez à vous reprogrammer, quand vous savez mettre en accord votre conscient et subconscient, quand vous arrivez à ne plus avoir de croyances qui vous bloquent et vous sabotent…

Votre vie prend son envol !

METTEZ EN LUMIÈRE VOS CERTITUDES

Le plus difficile, c'est d'oser regarder vos croyances en face, car elles vous « tiennent » parce que vous avez basé votre vie dessus depuis des années.

Vos croyances n'aiment pas être défiées, elles sont puissantes et sont là pour vous apporter de la certitude, un des besoins les plus importants de l'être humain…

Malheureusement, être certain ne veut pas dire avoir toujours raison.

Il y a des certitudes « fausses » qui ne sont pas fondées, et pourtant vous les entretenez depuis des années, même si elles vous polluent la vie !

Ne serait-il pas temps de redevenir maître de votre vie, de recommencer à rêver et de s'attaquer à ces croyances qui vous bloquent et vous limitent ?

Souvenez-vous quand vous aviez trois ou quatre ans… qu'étiez-vous capable d'être ou de faire ?

Absolument tout !

Dans votre esprit, TOUT était possible.

Et vous savez quoi ?

TOUT est possible.

Votre nature même sait qu'il n'y a pas de limites à ce que vous pouvez être, faire et avoir. Et vous le savez au plus profond de vous-même.

Mais que s'est-il passé ?

Qu'est-il arrivé à cet enfant avec ses grands rêves, qui sautillait sans avoir un seul doute dans son esprit et dans son cœur qu'il pouvait devenir, faire et avoir tout ce qu'il désirait ?

Vous avez été victime d'une programmation limitante !

Vous avez été contaminé par plusieurs virus, qui vous bloquent et vous sabotent.

Ça commence par des mots à un très jeune âge, qui sont transmis à vos pensées :

« Tu n'es bon à rien ! », « tu es un incapable ! », « attention, ne fais pas d'erreurs ! », « de toute façon, être heureux ça n'existe pas », « l'argent ne fait pas le bonheur » et puis « oublie tes rêves ; les rêves ce sont pour des gens qui n'ont pas les pieds sur terre, etc. »

Le doute s'installe peu à peu ; plus vous l'entendez, plus votre esprit doute, surtout à un très jeune âge où nous sommes de véritables éponges.

Au bout de quelques mois et quelques années, cela va s'ancrer dans votre subconscient et dans votre système nerveux, et ces croyances deviennent une certitude.

Finalement, elles deviennent votre réalité.

Vous menez alors votre vie sur la base de croyances d'autres personnes, qui sont à présent devenues les vôtres…

Et après on se demande pourquoi on se sent mal dans ses baskets…

Si vous sentez que vous ne vivez pas la vie que vous souhaitez vraiment, ou que vous méritez plus, c'est que vos croyances vous bloquent ou vous limitent.

Tous ces doutes, ces croyances qui vous disent que vous ne pouvez pas faire ceci ou cela, et que ce serait mal vu, etc., ce sont vos « limiteurs de potentiel ».

Cela a un coût et pas des moindres : ne pas vivre la vie que vous voulez vraiment et la finir avec des regrets.

VOUS AVEZ LE POUVOIR DE CHANGER LES CHOSES

Je crois que nous sommes nés pour créer une vie exceptionnelle !

Nous ne sommes pas destinés à vivre dans le stress, la médiocrité et la frustration quotidienne !

Il y a une dizaine d'années, j'ai attaqué de front mon programme intérieur, et je le traque et l'analyse régulièrement.

C'est mon devoir en tant qu'être humain de regarder de près ce qui me bloque ou me limite pour pouvoir opérer un changement, car il est hors de question que je ne vive pas ma vie à 100 % !

Rappelez-vous :

Si vous voulez changer votre monde extérieur, vous devez changer votre monde intérieur !

Quand j'ai commencé à reprogrammer efficacement mon monde intérieur, je suis passé du salaire minimum vital au top 1 % des revenus francophones, en moins de trois ans.

Je suis passé de quelqu'un de timide qui n'avait aucune confiance en lui, à un homme qui inspire des salles de 2 000 personnes, et de quelqu'un qui n'avait pas le contrôle de sa vie à un quotidien qui a dépassé littéralement tous ses rêves.

Je ne vous dis pas cela pour vous impressionner, mais pour vous inspirer et dire haut et fort : « Si un jeune ayant fait très peu d'études secondaires peut le faire, vous le pouvez vous aussi ! »

Je sais qu'il est difficile de croire que l'on peut changer sa vie de manière spectaculaire en quelques années, car il y a quelques années, je me disais moi aussi : « Mais ça n'est pas possible ! », « où est le loup ? », « il raconte des salades »…

Ce que j'ai compris plus tard, c'est que c'est justement à cause de ce genre de pensées que je n'arrivais pas à prendre de l'élan et à créer la vie que je désirais.

N'oubliez pas : ce que vous croyez devient vrai.

Si vous ne croyez pas que c'est possible pour quelqu'un d'autre, vous ne croirez pas cela possible pour vous non plus.

Et si c'est ce que vous croyez, vous avez raison !

Henry Ford disait : « Que vous le croyiez ou non, dans les deux cas vous avez raison. »

CROYANCE = RÉALITÉ

Avez-vous déjà entendu parler de Roger Bannister ?

Roger Bannister était un athlète britannique spécialiste des courses de demi-fond. En 1954, il réalisa un exploit que tout le monde pensait impossible.

Il avait été dit clairement par tous les médecins du monde, qu'il était impossible de courir le *mile* (1609,34 m) en dessous de 4 minutes.

Puisque cette croyance était ancrée dans l'esprit des gens, personne ne dépassait cette limite, car tout le monde croyait que c'était impossible.

Ils étaient même allés jusqu'à dire que si quelqu'un surpassait cette limite, il pouvait mourir d'un arrêt cardiaque!

Le 6 mai 1954, au stade d'Iffley Road à Oxford, Roger Bannister dépassa «le mile» en 3 minutes 59 secondes et 4 centièmes!

Il a non seulement survécu, mais il a fêté ses 87 ans dernièrement.

Quel est ce pouvoir?

Roger a refusé l'opinion générale et il a prouvé au monde entier que l'impossible n'existe pas quand on le croit fermement.

Dans les 2 ans qui ont suivi, 37 personnes ont réussi elles aussi à passer la barre des 4 minutes. Aujourd'hui, ce sont plus de 25 000 athlètes qui ont réussi cet exploit!

Quelle leçon en tirez-vous?

Et quelles sont réellement les limites? Qui peut les fixer?

Quelles sont vos limites personnelles? Du bonheur que vous pouvez expérimenter? De ce que vous pouvez gagner? De la vie que vous pouvez vivre? Quelles sont vos limites par rapport à l'argent, au niveau de contribution que vous pouvez apporter dans le monde?

Vous vous êtes probablement fixé des limites, mais en réalité, il n'y en a pas. Les limites sont dans notre esprit, mais en ce qui a trait à notre être profond, il n'y en a aucune.

Celles que vous avez sont celles que l'on vous a inculquées dans votre enfance ou que vous vous donnez jour après jour. C'est entre 3 et 7 ans que vous avez hérité des limites et des croyances d'autres personnes. De ce qui est possible, impossible, bien ou pas bien, de ce qu'il faut faire ou ne pas faire.

Dès l'instant où vous dites : « Je ne peux pas », il est certain que vous n'y arriverez pas. Votre subconscient est à votre service. Il exécute vos ordres.

Si vous décidez aujourd'hui de changer de vie, de maigrir, de gagner plus d'argent, de trouver l'homme ou la femme de votre vie, votre subconscient va trouver les solutions pour réaliser votre désir. Mais avant toute chose, vous devez y croire !

Prenons un exemple :

Aujourd'hui, pensez-vous que vous pouvez devenir millionnaire ?

Quelle que soit votre réponse, vous avez raison !

Car ce que vous croyez deviendra votre réalité.

Bien sûr que vous pouvez devenir millionnaire, vous avez la capacité de le devenir, la question est plutôt, le croyez-vous fermement ?

En appliquant les stratégies et les principes de ceux qui le sont devenus avant vous, en passant à l'action et en persévérant, vous pouvez le devenir à votre tour.

Petite parenthèse, si votre but est vraiment de devenir millionnaire, juste pour grossir votre compte en banque, votre vie sera dénuée de sens, et vous ne serez pas plus heureux.

Ce qui pourrait vous rendre réellement heureux en ayant beaucoup d'argent, c'est de pouvoir contribuer à rendre d'autres gens plus heureux.

Vous l'avez compris, que vous vouliez battre un record du monde, créer la vie de vos rêves ou encore devenir millionnaire, vous le pouvez, mais uniquement si vous y croyez fermement.

Si j'ai pu sortir du stress financier, développer une confiance totale en moi et créer une vie de rêves, vous le pouvez vous aussi.

Une des clés essentielles pour avancer, réussir et se sentir libéré, c'est d'analyser votre programme intérieur, le défier, puis d'effectuer une « reprogrammation » selon vos désirs.

Ce processus nécessite du courage et une grande détermination, je vous aiderai à identifier les croyances qui vous limitent et vous sabotent, ainsi qu'à les reprogrammer puis les ancrer dans votre subconscient de manière réellement efficace et durable.

En complétant ce processus, vous verrez des améliorations se produire dans votre vie, et vous vous sentirez plus léger, comme si vous veniez de perdre 10 kg…

Et sans comprendre vraiment pourquoi, vous serez capable d'accomplir de bien plus grandes choses, sans effort ou presque, et avec un sentiment de joie et de vitalité nouvelle.

COMMENT CRÉER UN NOUVEAU « PROGRAMME INTÉRIEUR » ?

Lors de mes séminaires et formations, j'accompagne les participants dans un puissant processus en trois étapes :

1. Identifiez vos croyances limitantes
2. « Rayez le disque »
3. Remplacez le disque

1. Identifiez vos croyances limitantes

Commencez par vous poser les questions suivantes :

Qu'est-ce qui me limite ?

Qu'est-ce que je me dis régulièrement qui a tendance à m'arrêter dans mon élan ?

Quelles sont les pensées que j'entretiens fréquemment qui me disent que ce n'est pas possible, ou que je ne peux pas faire ceci ou cela, ou que je ne suis pas assez bon pour y arriver ou encore que ça n'en vaut pas la peine ?

Je vous invite dès aujourd'hui et pour les prochaines semaines à devenir un « espion de vos pensées ».

Tout commence par la prise de conscience.

Écoutez vos paroles dans vos conversations avec les autres.

Soyez attentif à vos pensées et à leur contenu.

Votre monologue intérieur est en permanence en train de s'exprimer…

Écoutez les mots que vous utilisez, et je vous promets que si vous faites cela, vous serez surpris par le nombre de mots et de pensées que vous utilisez chaque jour, qui vous bloquent et vous limitent.

Identifiez-les et notez-les pour en prendre pleinement conscience.

2. « Rayez le disque »

Avant de pouvoir changer vos croyances, il est essentiel de « rayer le disque » de vos anciennes croyances limitantes.

Si un disque tourne de façon continuelle dans votre tête depuis des années, et que vous en rajoutez un par-dessus qui contredit le message du premier, à votre avis que se passera-t-il ?

Votre esprit rejettera le « nouveau disque ».

La raison est qu'il ne peut pas opérer de manière optimale s'il reçoit deux messages qui sont en conflit l'un avec l'autre, et qu'il a besoin de clarté pour prendre des décisions.

Pendant le séminaire *Votre Destination Réussite*, j'invite les participants à identifier une croyance limitante puis à la répéter tout en imitant un singe.

Cet exercice très drôle et extrêmement puissant est un exemple de la manière dont vous pouvez rayer le disque de vos croyances limitantes.

Cela fonctionne aussi pour changer un comportement.

Par exemple, dans mon enfance, mon père nous mettait du mercurochrome sur nos ongles pour que nous arrêtions de les ronger, mes frères, mes sœurs et moi.

Il n'a pas fallu plus d'une semaine pour que nous cessions cette manie tous les quatre.

Plutôt efficace, ne pensez-vous pas ?

Il y a des milliers de moyens différents de rayer votre disque.

Pourquoi ne pas répéter votre croyance limitante en chantant un air d'opéra ou une comptine pour bébé ?

Soyez créatif et surtout amusez-vous !

Trouvez votre propre technique pour rayer votre disque dès que vous identifiez une croyance limitative ou une pensée négative.

C'est une étape capitale, car vous ne pourrez installer une nouvelle croyance si vous ne détruisez pas les anciennes, celles qui vous empêchent de vous réaliser pleinement.

3. Remplacez le disque

Avant de vous expliquer comment vous pouvez « remplacer votre disque », il est important de comprendre comment votre cerveau fonctionne.

Savez-vous qu'il y a environ 400 milliards de neurones dans votre cerveau qui envoient une information sous forme d'ondes électriques ?

Chaque pensée liée à une émotion envoie un message qui emprunte un « chemin neuronal ».

Plus votre émotion est forte, plus vous répétez cette pensée chargée émotionnellement, et plus vous renforcez ce chemin neuronal.

C'est un peu comme si vous ajoutiez une ficelle l'une après l'autre autour d'une corde, et qu'au fur et à mesure, ce chemin se transforme en une véritable « autoroute neuronale ».

Plus votre autoroute est empruntée, plus votre croyance se renforce.

Aussi, les neurologues ont constaté qu'en empruntant de moins en moins ces autoroutes neuronales, elles finissent par s'atrophier, jusqu'à ne plus exister.

Que voulez-vous retenir de tout cela ?

La clé pour modifier vos croyances et « remplacer votre disque », c'est d'arrêter d'utiliser certaines autoroutes neuronales et d'en construire de nouvelles.

Comment remplacer votre disque et construire ces nouvelles autoroutes neuronales ?

Vous devez créer une synergie entre votre conscient et subconscient.

Quelle est la différence entre votre conscient et votre subconscient ?

Le conscient fonctionne sur le mode passé et futur, et est capable d'enregistrer un nombre limité d'informations, environ 40 bits d'informations par seconde.

Il a une mémoire très courte et fonctionne sur le mode logique et analytique.

Le conscient est celui qui veut.

Alors que le subconscient lui, fonctionne au présent et sur le mode émotionnel par rapport au ressenti généré par les cinq sens.

Il a le pouvoir de gérer plus de 40 millions d'informations par seconde.

Le subconscient est celui qui *croit*.

À votre avis, qui sera gagnant entre « je veux une vie meilleure » et « je crois que je n'en suis pas capable » ?

Le subconscient prendra toujours le dessus sur le conscient, car le message émotionnel exerce toujours plus de pouvoir que la volonté.

Donc, pour changer, il ne suffira pas de « vouloir », il faudra aussi y « croire » !

Alignez « je veux » avec « je crois » et vous serez impossible à arrêter.

En créant une symbiose entre vos deux esprits, conscient et subconscient, vous utilisez une plus grande partie de votre potentiel. C'est alors que votre vie prend un nouvel essor.

UNE PUISSANTE MÉTHODE POUR DÉVELOPPER VOS CROYANCES

Vous devez apprendre à communiquer avec votre subconscient et parler le même langage que lui. S'il parle en japonais et que vous vous exprimez en allemand, il ne comprendra rien.

Par conséquent, parlez-lui son langage, à savoir sur le mode émotionnel.

Au fil des années, j'ai développé une puissante méthode, simple et efficace, qui vous permet d'installer de nouvelles croyances pour vous propulser sur le plan supérieur dans votre vie.

Je l'ai dénommée la V.E.R.A.

Visualiser

Écrire

Ressentir

Affirmer

La V.E.R.A. est une technique basée sur les dernières recherches du fonctionnement du cerveau et je vous invite vivement à la mettre en œuvre dans votre quotidien.

Elle permet de « reprogrammer » de manière rapide et efficace votre subconscient.

Comment fonctionne-t-elle ?

Tous les soirs avant de vous coucher, fermez les yeux, respirez profondément et calmement jusqu'à vous sentir dans un état calme et apaisé.

Après quelques instants, vous entrerez dans un mode que la science appelle « fréquence alpha » (activité électrique cérébrale dont la fréquence est comprise entre 8,5 et 12 Hz.).

Dans cette fréquence, votre subconscient est particulièrement réceptif aux messages que vous lui transmettez.

C'est à ce moment-là qu'il est judicieux d'envoyer un maximum d'images et d'émotions positives de félicité, de joie, de réussite et d'accomplissement de vos objectifs.

C'est ce qu'on appelle la *visualisation.*

Sachez que la visualisation est pratiquée par des sportifs de haut niveau avant une compétition et que tous mes amis millionnaires et milliardaires la pratiquent quotidiennement.

Pour être efficace, il est crucial de ressentir des émotions positives, comme si vous viviez déjà ce que vous désirez accomplir.

Rappelez-vous du mode de communication du subconscient : il fonctionne sur le mode émotionnel. C'est la raison pour laquelle plus il y a d'émotions positives et de détails précis dans votre visualisation, plus votre subconscient comprend votre message clairement.

Il est donc important de ressentir du plus profond de votre cœur. Et en pratiquant cela encore et encore, votre subconscient adoptera votre visualisation comme tout à fait réelle, et il y adhérera totalement !

Je vous invite ensuite à écrire au moins une fois par semaine une liste de nouvelles croyances positives et les objectifs que vous désirez réaliser.

Cela vous permettra de clarifier vos objectifs et de construire les phrases que vous utiliserez dans la partie affirmation de votre V.E.R.A.

Il est préférable d'écrire vos phrases au mode présent et à la forme positive.

La raison est que votre subconscient fonctionne en images, au moment présent, et qu'il ne comprend pas la négation.

Par exemple, si je vous demande de ne pas imaginer un éléphant vert, qu'est-ce que votre esprit fait ?

Il s'imagine un éléphant vert !

C'est la raison pour laquelle il est important de ne pas utiliser des phrases comme : « Je ne veux plus être timide », « je ne veux plus de problèmes », car cela ne fait que renforcer ce que vous ne voulez pas justement.

Utilisez des phrases comme : « Je suis un gagnant et un leader. »

« Je réussis tout ce que j'entreprends. »

« Je gagne *x* euros par mois avec joie. »

« Je voyage trois mois par an dans les plus beaux endroits du monde. »

« Je suis extraordinaire ! »

Vous avez le pinceau dans les mains et vous pouvez peindre le chef-d'œuvre de votre vie !

Une fois vos phrases d'affirmations écrites, affirmez-les à voix haute si possible avec conviction tous les matins.

Plus vous y mettrez d'émotions et d'énergie, plus cela sera efficace pour installer de façon convaincante vos affirmations dans votre subconscient.

De plus, cela a l'avantage de vous réveiller immédiatement et sans difficulté !

Vous utilisez alors la puissance de la V.E.R.A. à son maximum pour développer de nouvelles croyances.

En résumé :

- Tous les matins en vous levant, répétez vos affirmations positives à voix haute avec émotions et conviction.
- Tous les soirs avant de vous coucher, relaxez-vous et visualisez les objectifs que vous désirez réaliser comme si vous les viviez déjà.
- Une fois par semaine, écrivez et mettez à jour votre liste de nouvelles croyances et d'objectifs.

Je vous invite à en créer une nouvelle habitude en l'utilisant jour après jour.

Cette technique fait des merveilles chez mes clients et il n'y a rien de plus puissant que je connaisse pour programmer le subconscient et entrer sur l'autoroute de la réussite.

Vous serez alors enfin le maître de votre vie !

7

Le tronc

« Le bonheur est derrière la peur. »

— Max Piccinini

Le tronc représente deux éléments essentiels à la réussite de tout projet : l'Attitude et l'Action.

Une mauvaise attitude vous assurera échec sur échec, déception après déception.

Une bonne attitude est en quelque sorte votre « garantie de réussite ».

Une attitude gagnante s'apprend comme toute chose. Je vous invite à chercher à améliorer votre attitude quotidiennement.

L'attitude n'est rien d'autre que des choix d'interprétation face à ce qui vous arrive.

Voyez-vous tout en problèmes ou en opportunités ?

Voyez-vous votre dernière séparation comme un drame ou un cadeau ?

Ce n'est pas ce qui vous arrive qui compte, c'est la manière dont vous y réagissez.

Votre perception du monde joue un rôle capital dans la réussite de vos entreprises et le niveau de bonheur que vous expérimentez au quotidien.

Savez-vous qu'en chinois le mot « crise » a la même signification que le mot « opportunité » ?

Point de vue intéressant…

Chaque problème porte en lui une source d'opportunités et plus le problème est grand, plus grande est l'opportunité.

Prenons un exemple :

Au début du 20e siècle, seuls les très riches pouvaient se permettre de s'acheter une voiture.

Le GRAND problème était que le seul moyen pour la grande majorité des gens, c'était de marcher d'une ville à l'autre, ce qui pouvait représenter plusieurs jours de marche !

Un jour, un certain Henry Ford a décidé de régler ce GRAND problème et de le tourner en opportunité.

C'est alors qu'il créa le modèle T de Ford accessible à tout un chacun.

En modifiant son attitude, Henry Ford transforma un GRAND problème en une ÉNORME opportunité, ce qui permit à des millions de personnes de gagner un temps considérable pour voyager ou aller rencontrer leur famille, et c'est aussi cette opportunité qui le rendit milliardaire.

Parfois, ça vaut le coup de changer son attitude, ne pensez-vous pas ?

Imaginez-vous vous dire à chaque fois que vous avez un problème : *Ah voici une nouvelle occasion de changer, grandir, et devenir une meilleure personne !*

Quels seraient les résultats dans les mois et les années qui suivent ? Que seriez-vous alors capable d'accomplir ? Vous sentiriez-vous plus heureux ?

MODIFIEZ VOTRE VOCABULAIRE

Savez-vous que les mots que vous utilisez et votre attitude sont étroitement liés ?

Prenons un exemple, vous rêvez de devenir écrivain, mais vous vous rendez compte que cela ne va pas être facile.

Maintenant, que se passe-t-il si vous vous dites constamment : *C'est impossible, je n'y arriverai pas* ?

Quelles sont vos chances de succès ?

Elles sont réduites à néant.

Imaginez-vous à présent changer le mot « impossible » en « possible », en quoi cela ouvre-t-il de nouvelles opportunités ?

Votre cerveau cherche alors les possibilités plutôt que les impossibilités.

J'ai remarqué que les gens qui réussissent utilisent tous certains mots, alors que ceux qui échouent emploient des mots totalement différents.

Les mots traduisent votre attitude envers la vie et ont aussi le pouvoir de soit vous élever, soit de vous tirer vers le bas ; donc soyez vigilants quant à leur choix.

Dès que vous utilisez l'un des mots suivants, vous envoyez le doute et la confusion dans votre cerveau :

- Si

- Je ne peux pas

- Impossible

- Je ne suis pas assez…

- Problème

- Essayer

- Oui, mais…

Je vous invite à remplacer les mots ci-dessus par les mots ci-dessous :

- Quand

- Je peux

- Possible

- Je suis assez…

- Opportunité

- Je m'engage

- Oui !

Imaginez l'impact dans votre vie si vous abandonniez définitivement la première série de mots et les remplaciez par la seconde ?

Votre attitude deviendrait alors une attitude gagnante et vos résultats ne pourraient que s'améliorer.

CHANGEZ DE PERSPECTIVE

Le grand homme qu'était Gandhi ne manquait jamais de gratifier chaque être qu'il croisait d'un *Namasté*.

Pour se dire bonjour, les Indiens disent: « Namasté », joignent les mains au cœur et se penchent légèrement vers l'avant en signe de respect.

Un jour, Einstein intrigué a demandé à Gandhi: « Que signifie le mot *Namasté* ? »

Gandhi répondit: « Namasté veut dire: Ma lumière salue ta lumière. Je salue tout ce qui est bon en toi. »

Imaginez dire bonjour de cette manière à chaque personne que vous rencontrez!

Comment percevriez-vous les autres ou le monde?

Dans le même ordre d'idées, vous pouvez aussi donner de la bienveillance et un grand sourire à ceux qui vous semblent tristes ou qui éprouvent de l'insécurité.

Juste un « bonjour » avec un grand sourire et une belle intention réchauffera leur cœur, et cela réchauffera le vôtre aussi.

LE POUVOIR DE L'INTÉGRITÉ

L'intégrité implique d'être en accord avec vous-même, d'être authentique et de tenir ses petites et ses grandes promesses.

Avez-vous tendance à faire les choses contre votre propre gré?

Tenez-vous vos promesses envers vous-même et envers les autres?

Il y a quelques années, j'avais tendance à dire « oui » à tout ce que l'on me proposait, car j'avais peur d'être rejeté et de perdre un ami.

Le problème c'est qu'avec une telle attitude, je ne pouvais pas honorer tous mes engagements.

J'étais en désaccord avec moi-même et je vivais un conflit permanent entre la peur d'être jugé et mes valeurs personnelles.

Au fur et à mesure du temps, je sentais que je ne pouvais plus continuer comme ça. Je perdais la confiance des autres ainsi que l'estime de moi.

Un jour, j'ai pris une décision très importante, celle de tout simplement tenir mes petites ou grandes promesses, envers moi-même et à l'égard des autres.

Si je n'étais pas certain de pouvoir honorer ma promesse, je ne m'y engageais pas.

Je préférais dire par exemple : « Jean, je te remercie de ton invitation, elle me touche ; cependant, j'ai d'autres priorités que je dois respecter, je viendrai volontiers une autre fois. »

Tout d'un coup, je me sentais en accord avec moi-même, plus fort, et comme par magie, je gagnais le respect et la confiance des autres.

Être intègre, c'est aussi écouter son cœur et le suivre. Il y a tout à y gagner !

Ce n'est pas une discipline facile, croyez-moi, mais c'est une attitude payante.

Tenez vos promesses coûte que coûte, pour vous-même et envers les autres, ou ne les faites pas, sinon votre estime personnelle sera fortement abîmée.

« Ce ne sont pas vos aptitudes, mais votre attitude qui détermine votre altitude. »

— Zig Ziglar

Une bonne attitude, c'est comme construire un palais dans lequel vos valeurs et votre intégrité règnent en maîtres et inspirent le respect de tous.

Un leader place ses valeurs d'honnêteté, d'intégrité, de respect et d'authenticité au-dessus de tout.

SOYEZ « SINE CERA »

Connaissez-vous cette expression tirée du latin « Sine Cera » ?

Lorsque certains sculpteurs du temps de la Rome antique commettaient une erreur, ils rajoutaient de la cire sur la pierre pour cacher le défaut. Les clients heureux de ce travail a priori parfait achetaient leurs statues. L'arrivée d'une forte chaleur faisait fondre la cire et c'est alors qu'ils découvraient l'imposture. À partir de ce moment-là, les sculpteurs signaient leurs œuvres « Sine Cera »(en français : sans cire) pour garantir aux clients un travail authentique.

Avez-vous tendance à rajouter de la cire sur vos imperfections ?

Êtes-vous authentique avec vous-même ?

Vous respectez-vous pleinement ? Écoutez-vous votre cœur plutôt que votre tête ?

J'affectionne tout particulièrement cette phrase d'Oscar Wilde : « Soyez vous-même, tous les autres sont déjà pris ! »

STOPPEZ LES EXCUSES

Connaissez-vous la véritable histoire d'Arnold Schwarzenegger ?

Avant d'être le « Terminator » et l'une des plus grandes stars hollywoodiennes, Arnold rêvait de devenir un champion.

Né dans une famille pauvre, à l'âge de 13 ans, il se passionne pour le bodybuilding et prévoit déjà sa vie future.

Il prend comme modèle Reg Park, ex-Mister Univers qui fit fortune en tant qu'acteur et homme d'affaires.

Il déclare à son père : « Je veux devenir l'homme le mieux bâti du monde, puis je veux aller en Amérique et être acteur. »

Son père, très inquiet de la passion envahissante d'Arnold pour le « sport le moins populaire d'Autriche », lui interdit d'aller plus de trois fois par semaine à l'entraînement, mais celui-ci contourne cette limitation en construisant sa propre salle à la maison.

À l'âge de 18 ans, Arnold ne peut échapper à son service militaire.

Malgré l'absence d'une salle de musculation dans sa caserne militaire, et déterminé à réaliser son rêve, Arnold doit devenir créatif pour continuer à s'entraîner.

Après 10 heures d'entraînement militaire intense tous les jours, il s'impose 3 heures supplémentaires de musculation en utilisant tout ce qui est à sa portée (tables, chaises, lits).

Un jour, il entend dire que la compétition officielle nationale junior de bodybuilding aura lieu à quelques centaines de kilomètres de sa caserne.

Bravant une stricte interdiction de sortie et une punition certaine, il fugue en train pour rejoindre la compétition de culturisme comme participant.

Pour cette époque, c'était prendre un énorme risque et les conséquences pouvaient être graves.

Personne n'avait entendu parler d'Arnold, mais dès qu'il montait sur scène pour faire ses démonstrations, le public l'applaudissait.

Grâce à sa détermination sans faille, Arnold réalise son premier exploit et gagne le championnat.

En rentrant à la caserne, il prend deux jours de trou ; cela n'avait aucune importance à ses yeux, il venait de remporter sa première grande victoire.

Quelques années plus tard, Arnold deviendra Mister Univers.

Il ne s'arrête pas là, il décide de devenir une star hollywoodienne.

Quand il en fait part à ses amis, tout le monde lui dit : « Arnold, mais tu es fou. Tu as un accent allemand, à couper au couteau, tu n'es pas beau, tu n'as jamais fait de cinéma, comment veux-tu rivaliser avec des acteurs comme Al Pacino ? »

Arnold avait toutes les raisons de ne pas y arriver, mais au lieu de cela, il utilise ces critiques comme un tremplin qui redouble sa motivation.

Quelque temps après, il décroche le rôle principal dans le film *Terminator* et devient une star internationale.

Rien ne l'arrête, il prouve une nouvelle fois que rien n'est impossible, et le 17 novembre 2003, il devient le 38e gouverneur de l'État de Californie.

Vous rendez-vous compte que si Arnold Schwarzenegger avait laissé les excuses et la raison prendre le dessus, vous n'auriez jamais entendu parler de lui ?

Nous avons tous des milliers de raisons de ne pas faire les choses.

Allez-vous laisser ces excuses anéantir vos rêves ou passerez-vous à l'action pour devenir la « star » de votre vie ?

Chaque jour, nous avons le choix soit d'abdiquer, soit de persévérer jusqu'à la réalisation de nos objectifs.

Êtes-vous du style à vous dire : *Oh, je voudrais bien le faire, mais là je suis fatigué, je le ferai demain.*

Vous êtes sur le mauvais chemin et il est nécessaire de changer d'attitude.

Si vous savez que c'est important pour vous, il est impératif d'arrêter de vous chercher des excuses, de vous regarder dans le miroir, et de vous dire : *Je vais le faire un point c'est tout !*

PASSEZ À L'ACTION

« Un voyage de 1000 lieues commence toujours par un premier pas. »

— Lao Tseu

L'action est le pont entre vos rêves et la réalité.

L'action est nécessaire à la réalisation de vos projets.

Vous pouvez visualiser, imaginer, prier, espérer et même y croire fermement, c'est indispensable, mais cela ne suffit pas.

Si vous voulez transformer vos rêves en réalité, vous devez « bouger vos fesses » et passer à l'action !

Je ne connais personne qui a visualisé de devenir millionnaire et qui s'est retrouvé avec un million d'euros, tombés du ciel, dans sa poche, sans rien faire !

Si vous faites partie de ceux qui pensent que vos projets vont aboutir sans que vous passiez à l'action, je vous invite à « redescendre de votre nuage » et à vous rappeler ce principe essentiel : pas d'action, pas de rêve.

L'action est ce qui différencie les rêveurs de ceux qui vivent leurs rêves.

Vous pouvez avoir la meilleure idée du monde, mais si vous ne passez pas à l'action, elle ne vaut strictement rien !

Combien de rêves se sont envolés par le manque d'action et par l'hésitation !

Combien de vos rêves seront rejetés ou tomberont dans l'oubli si vous ne développez pas une attitude adéquate et si vous ne passez pas à l'action ?

Si comme moi, vous ne voulez pas vivre avec des regrets, alors cette étape est essentielle.

Entrer en action est quelque chose que VOUS SEUL pouvez faire. Personne d'autre ne peut le faire à votre place.

Vous êtes le maître à bord et c'est uniquement en vous engageant avec toutes vos tripes dans l'action que les choses commenceront à bouger dans votre vie.

Allez-vous faire partie de ceux qui rêvent leur vie ou qui vivent leurs rêves ?

C'est vous qui décidez.

TRANSFORMEZ VOS PEURS EN MOTEUR

« La peur est l'élément qui paralyse votre avancée vers vos rêves. L'action, votre antidote. »

— Max Piccinini

Lorsque je me suis lancé dans les affaires, il m'a fallu trois jours pour passer mon premier appel téléphonique !

Cela a été trois jours de stress intense. Je me suis trouvé toutes les excuses possibles et inimaginables.

Après m'être motivé pendant trois heures le premier jour, je prends enfin le téléphone en main. Mon cœur bat la chamade, je commence à composer le numéro, la peur monte… et je me dis : *Il doit être occupé à manger avec ses collègues, je l'appellerai demain* ! Et je raccroche aussitôt.

J'ai passé le reste de la journée à tourner en rond dans la maison et j'ai avalé deux tablettes de chocolat, tellement j'étais stressé à l'idée de ce qu'il pourrait me répondre.

Le lendemain vers 11 h, je fais une nouvelle tentative, et là je me dis : *Humm, il doit être au travail, je ne vais pas le déranger, je l'appelle plus tard.*

Le troisième jour, la peur me terrassait tout autant.

Puis arriva le moment, où j'en ai eu marre d'en avoir marre.

Plus je me laissais dominer par la peur, plus je voyais mes rêves s'éloigner.

J'ai regardé les photos de mes rêves que j'avais collées au mur quelques jours auparavant et je me suis dit : *Max, si tu veux réaliser tes rêves, tu dois passer ce coup de fil maintenant.*

J'ai pris mon courage à deux mains, j'ai pris une grande inspiration, j'ai composé le numéro, mis le téléphone à mon oreille et cette fois-ci je n'ai pas raccroché.

Pendant que les sonneries retentissaient, je me répétais sans cesse : *Ne décroche pas, ne décroche pas*, espérant encore me défiler.

Résultat : cet entretien téléphonique a été catastrophique, j'ai bégayé, je n'ai pas dit ce que je voulais, je n'ai pas obtenu de rendez-vous, mais au moins j'avais passé ce premier coup de fil !

C'est à ce moment-là que j'ai eu un sentiment de fierté et d'accomplissement, alors que vu de l'extérieur, c'était un échec.

Mais pour moi, c'était une victoire, j'avais dépassé ma peur.

Et puisque j'en avais fait un, je pouvais bien en faire un deuxième puis un troisième.

Dans la même journée, j'ai passé sept autres appels.

Quelques semaines plus tard, je passais entre 30 et 40 coups de fil par jour.

J'étais tellement à l'aise que j'aurais pu parler au président de la République !

Est-ce que j'avais encore peur quand j'ai donné ce premier coup de fil ?

Absolument !

J'étais terrifié, mais cela ne m'a pas empêché de passer à l'action.

La différence entre celui qui réussit et celui qui stagne, c'est qu'ils ont tous les deux peur, mais le premier passe à l'action malgré tout.

C'est incontournable, peu importe ce que vous souhaitez devenir, votre aurez un premier pas difficile à faire.

Il vous faudra vous en affranchir pour dépasser votre peur. Et si vous ne le faites pas, vous risquez de vous retrouver comme 95 % des gens avec des regrets sur votre lit de mort et des « j'aurais dû ».

La réussite arrive quand vous dépassez votre peur et que vous cherchez des petites victoires jour après jour.

Cherchez cette première victoire coûte que coûte. Prenez votre courage à deux mains et passez à l'action !

Une fois que vous remporterez votre première victoire, vous vous sentirez pousser des ailes, vous les déploierez, et vous vous envolerez dans une spirale infinie de croissance et de réussite.

Maintenant, aimeriez-vous connaître la stratégie que j'ai utilisée pour dépasser ma peur ?

Je n'en avais pas conscience à l'époque, mais cette stratégie est tellement puissante qu'elle vous permettra de transformer votre peur en moteur chaque fois.

Dans tous mes séminaires, j'accompagne les participants à développer cet outil puissant à son maximum.

Le voici.

P.M.F. : UN PUISSANT OUTIL POUR DÉPASSER VOTRE PEUR

Physiologie

Monologue

Focalisation

Votre physiologie

Qu'est-ce que votre physiologie ?

C'est votre manière d'utiliser votre corps.

Pensez-vous que la façon dont vous respirez, vos mouvements, votre posture ou le fait que vous souriez ou non ont un petit impact ou un gros impact sur votre état émotionnel ?

Si vous pensez que votre physiologie a un petit impact, vous faites erreur !

Votre physiologie a un ÉNORME impact sur votre état émotionnel et votre niveau d'énergie.

Faisons un test ensemble.

Repliez-vous sur vous-même, descendez vos épaules, regardez vers le bas, respirez peu pendant une minute et constatez comment vous vous sentez.

Vous sentez-vous prêt à changer le monde avec une physiologie pareille ?

Sûrement pas !

Maintenant, testez l'inverse : relevez la tête et les épaules, tenez-vous droit, respirez amplement, ouvrez la cage thoracique, levez-vous, bougez et constatez comment vous vous sentez maintenant.

Une sacrée différence, n'est-ce pas ?

Le fait de bouger est indispensable à votre vitalité et votre humeur.

Donc, vous l'avez compris, votre physiologie est le premier pas pour développer une plus grande confiance en vous.

Votre monologue

Savez-vous que vous vous parlez constamment, avec pas moins de 300 mots par minute ?

Savez-vous aussi qu'en moyenne, 80 % de ces mots sont négatifs ?

Enfin, savez-vous que ce monologue est devenu automatique et qu'il tourne en boucle comme un disque 24 heures sur 24 dans votre esprit ?

Chacun des mots que vous utilisez dans votre monologue déclenche des émotions, qui sont directement responsables des choix que vous faites et donc des résultats que vous obtenez.

Si vous vous répétez en permanence que vous n'y arriverez pas ou que vous n'en êtes pas capable, devinez quel va être le résultat ?

Vous n'obtiendrez pas le résultat escompté, tout simplement.

Par conséquent, vos résultats actuels sont donc étroitement liés à votre monologue !

Imaginez ce qu'il adviendra si vous entraînez votre esprit à remplacer 80 % de ces mots négatifs en mots positifs ?

Mieux encore, imaginez que cela devienne automatique…

Que se passera-t-il dans votre vie ?

Très certainement un changement radical qui émerveillera tous les gens autour de vous !

Je vous invite dès maintenant à surveiller vos pensées et les mots que vous utilisez, car ils sont créateurs de votre réalité.

La bonne nouvelle, c'est que vous avez à 100 % le contrôle sur vos pensées.

Vous êtes le maître à bord et vous pouvez choisir le disque qui tourne dans votre tête.

Êtes-vous en train de juger, de critiquer, de dénigrer ?

Êtes-vous en train de vous dire que vous ne méritez pas telle ou telle chose ou que vous n'y arriverez pas ?

Ou au contraire, êtes-vous en train de complimenter, de positiver ou d'apprécier les gens qui vous entourent ?

Vous dites-vous que vous êtes quelqu'un d'important, d'extraordinaire et qui mérite le meilleur ?

Quel morceau de musique faites-vous tourner dans votre esprit ? Un refrain assommant ou un air dynamisant ?

Vous êtes le chef d'orchestre de votre vie, quelle musique choisissez-vous de jouer dans votre esprit ?

Votre point de focalisation

Sur quoi portez-vous votre attention ?

Quel scénario vivez-vous en ce moment, quelles images défilent dans votre esprit ?

Est-ce un film catastrophe, dramatique ou d'horreur, ou est-ce un film d'aventure, d'amour ou d'accomplissement ?

Une fois de plus, vous êtes responsable du scénario du film qui défile dans votre tête à tout instant.

Vous êtes le réalisateur de votre film, le créateur de votre vie.

Ce sur quoi vous vous focalisez s'amplifie.

Si vous vous focalisez sur vos problèmes, que va-t-il se passer ?

Vous les verrez partout, vous les attirerez et ils se multiplieront !

C'est comme un cercle vicieux ou vertueux que vous amorcez.

La raison ?

Les images que vous mettez dans votre esprit sont comme un ordre passé à votre subconscient.

Si vous voulez réussir, focalisez-vous sur la réussite, sur ce que vous voulez réaliser, sur les possibilités.

Si vous êtes obsédé par vos problèmes, vous ne pourrez pas voir les opportunités qui s'offrent à vous.

Faisons un exercice ensemble pour comprendre le pouvoir de la focalisation.

Pendant 10 secondes, regardez tout ce qui est rouge autour de vous.

Une fois que vous avez fini, fermez les yeux, gardez les yeux fermés et cherchez ce que vous avez vu de bleu.

Ouvrez maintenant les yeux et regardez tout ce qui est bleu autour de vous.

Tout le bleu qu'il y avait, qui était juste sous vos yeux, vous ne l'avez pas vu !

La raison ?

Votre esprit ne peut que se focaliser sur une chose à la fois.

Si vous vous focalisez sur vos problèmes, vous ne pouvez pas voir les solutions ou les opportunités qui sont là devant vous.

LA LOI DU « MOMENTUM »

D'après Newton, un corps en mouvement a tendance à rester en mouvement, un corps à l'arrêt a tendance à rester immobile.

Que faut-il comprendre ?

Il faut beaucoup d'énergie pour lancer un projet pour ensuite bénéficier de la puissance générée par cette lancée.

Savez-vous combien d'énergie demande une fusée pour son décollage ?

Elle va utiliser 90 % de son combustible pour amorcer le décollage. Les 10 autres pour cent sont utilisés pour l'amener au-delà de la stratosphère. Une fois la fusée en orbite, quasi aucune énergie n'est nécessaire.

De la même manière, pour démarrer un business ou lancer un projet, il vous faudra dépenser beaucoup d'énergie au début pour lui donner son essor et le faire « décoller ».

En fait, pour réussir un projet, il vous faudra investir 80 % de votre énergie pour les premiers 20 %, et seulement 20 % de votre énergie pour le reste.

C'est la loi du « momentum ».

Une fois que votre projet a été propulsé, il prend de l'altitude avec de plus en plus de facilité.

La clé est de lancer les choses et de persévérer suffisamment longtemps au début. Une fois que vous remporterez vos premières victoires, vous deviendrez impossible à arrêter.

TOURNEZ VOS DIFFICULTÉS EN OPPORTUNITÉS DE CROISSANCE

Sur votre chemin de la réussite, vous rencontrerez forcément des difficultés. Acceptez juste qu'elles soient là, car elles sont nécessaires à l'accomplissement de vos projets.

Imaginez que votre rêve est de grimper sur les contreforts de l'Himalaya, et qu'à peine votre périple entamé, on vous emmène au sommet en hélicoptère.

Quelle joie et quel bonheur allez-vous ressentir ? Très peu !

Ce qui est important, ce sont les difficultés que vous avez dû surmonter sur votre chemin.

Les difficultés vous permettent de vous transcender, de vous développer, de grandir, de devenir une « meilleure version » de vous-même.

Elles aiguisent votre persévérance, votre conviction, votre mental, votre capacité à croire en vous.

Le véritable enrichissement, c'est le chemin lui-même.

Je vous invite à adopter cette attitude qui consiste à accueillir les difficultés plutôt que de les éviter.

Quand un problème ou une difficulté se présente à vous, vous avez le choix de vous dire :

Mon Dieu, c'est un vrai problème, ça va être difficile, je ne vais jamais y arriver !

ou

Super, un nouveau défi ! Un nouveau challenge pour grandir, me développer et devenir meilleur !

À votre avis, quelle attitude vous mènera à la réussite ?

La qualité de vie que vous expérimentez en ce moment est directement liée aux choix que vous avez faits dans le passé.

Si vous voulez une vie différente demain, vous devez changer vos choix aujourd'hui.

Ce n'est pas ce qui nous arrive qui compte, mais la manière dont nous y réagissons.

Quand j'ai compris cette clé essentielle, j'ai alors pris conscience que j'avais la plume dans les mains, et que je pouvais écrire l'histoire de ma vie et même réaliser mes rêves les plus fous.

La seule personne qui vous limite, c'est vous-même !

Passez à l'action, développez une bonne attitude en changeant de perspective et de choix, et voyez votre arbre pousser jusqu'aux étoiles!

UNE ALLIÉE DE PLUS: LA PERSÉVÉRANCE

Savez-vous qu'il a fallu à Thomas Edison 10 000 tentatives avant de faire fonctionner une ampoule?

Quand on lui a posé la question: « Qu'est-ce qui a fait que vous n'avez pas abandonné après toutes ces tentatives? » Edison a répondu: « C'est très simple, j'ai juste trouvé 9999 façons de ne pas l'allumer! »

Mon ami Jack Canfield a été rejeté par 143 éditeurs avant que le 144e accepte de publier son livre *Bouillon de poulet pour l'âme* qui est devenu un best-seller.

Aujourd'hui, *Bouillon de poulet pour l'âme* est une marque internationale et les ventes de ses ouvrages ont dépassé les 500 millions d'exemplaires!

Pour vivre vos rêves ou faire un monde meilleur, êtes-vous prêt à persévérer, même quand vous encaissez les échecs ou les rejets par centaines?

Combien de « non » serez-vous capable d'encaisser avant que l'on vous dise « oui »?

Pour ma part, j'ai dû essuyer plus d'un millier de refus avant de pouvoir véritablement faire décoller mon premier business.

De ces « non », j'ai eu quelques « oui », et cela m'a finalement rapporté plus de trois millions d'euros. Le calcul est simple, chaque « non » m'a rapporté 3000 €!

Vu sous cette perspective, peut-être qu'un « non » aura une toute nouvelle signification pour vous.

Voici mon message : si vous avez un rêve qui brûle dans votre cœur, persévérez et n'abandonnez JAMAIS.

ACTIVEZ LE POUVOIR DE L'ENGAGEMENT

Connaissez-vous d'où vient l'expression « brûler ses bateaux » ?

Cette expression illustre bien ce qu'est un véritable engagement.

Elle fait référence au débarquement des troupes de Agathocle de Syracuse, en Afrique du Nord, vers le IVe siècle avant J.-C.

Agathocle et ses troupes étaient largement en sous-nombre face à leurs adversaires.

Quand il sentit que la peur gagnait ses hommes, il décida de faire brûler tous ses navires, pour qu'il n'y ait aucune possibilité de retraite.

Agathocle s'exclama : « Nous n'avons pas le choix. Soit nous gagnons, soit nous mourons ».

Cela créa un engagement total dans le cœur des guerriers, et malgré leur nombre inférieur, ils remportèrent la victoire !

Quand votre esprit est focalisé sur tout ce qui doit être fait pour réussir, sans aucune possibilité de sortie d'un côté ou d'un autre, vous n'avez pas d'autre choix que de réussir.

Quand vous êtes véritablement engagé, vous décuplez votre énergie, les portes s'ouvrent, les possibilités se présentent à vous ; c'est comme si l'univers entier conspirait pour la réalisation de vos désirs.

C'est comme si un tapis rouge se déroulait devant vous.

Quand vous prenez un véritable engagement et que vous passez à l'action, le chemin *doit* s'ouvrir.

Je vous invite à lire attentivement ce texte qui a eu un profond impact dans ma vie :

« Dès le moment où l'on s'engage pleinement, la providence se met également en marche. Pour nous aider, se mettent en œuvre toutes sortes de choses qui, sinon, n'auraient jamais eu lieu.

« Tout un enchaînement d'événements, de situations et de décisions crée en notre faveur toutes sortes d'incidents imprévus, des rencontres et des aides matérielles que nous n'aurions jamais rêvé de rencontrer sur notre chemin…

« Tout ce que vous avez toujours voulu faire ou rêvé de faire, entreprenez-le. L'audace renferme en soi génie, pouvoir et magie. »

— Goethe

CRÉEZ DE NOUVELLES HABITUDES

Pour réussir, vous devez créer des habitudes gagnantes.

Pour comprendre ce qu'est une habitude, faites cet exercice :

Croisez les bras, puis décroisez-les et croisez-les dans l'autre sens (le bras qui était par-dessus vient en dessous, et vice versa).

C'est inconfortable, n'est-ce pas ?

Tout changement est inconfortable au début, mais si vous restez comme cela pendant un quart d'heure et que vous le faites chaque jour, cela deviendra naturel.

Une habitude, c'est comme un pilote automatique vers la réussite ou l'échec.

Avez-vous déjà pris des résolutions au Nouvel An ?

Qu'est-ce que cela a donné ?

Si vous êtes comme la majorité des gens, 95 % de vos résolutions n'aboutissent pas.

La raison est que nous sommes des êtres d'habitude et qu'il faut développer une véritable discipline personnelle pour modifier nos habitudes.

Posez-vous la question : *Est-ce que mes habitudes me mènent vers la réussite ou l'échec* ?

Avez-vous l'habitude de regarder deux heures de télé par jour ?

Fumez-vous un paquet de cigarettes par jour ?

Mangez-vous sainement quotidiennement ?

Dites-vous « Je t'aime » à votre partenaire tous les jours ?

Cherchez-vous tous les jours à progresser dans un domaine ou l'autre ?

Ces habitudes conditionnent votre qualité de vie et vos futurs résultats.

Une étude passionnante a été menée par la NASA sur les comportements et les habitudes des astronautes.

Les chercheurs ont créé deux groupes.

On a demandé au premier groupe d'astronautes de porter des lunettes spéciales qui retournaient l'image, de telle façon qu'ils voyaient tout à l'envers.

Ils devaient les porter 24 heures sur 24, même quand ils prenaient leur douche.

Au bout de 30 jours, quelque chose d'extraordinaire s'est produit pour tous les astronautes de ce groupe.

Alors qu'ils portaient encore ces lunettes, l'image s'est retournée, et ils la voyaient à l'endroit !

Que s'est-il passé ?

Leur cerveau s'était habitué à cette nouvelle perspective.

Ce qui est encore plus intéressant, c'est que l'autre groupe a recommencé l'expérience, mais on leur a demandé d'enlever leurs lunettes le 15e jour, puis de les remettre à partir du 16e jour.

Devinez ce qui s'est passé ?

Il leur a fallu 30 jours à partir du 16e jour avant que leur cerveau ne retourne l'image comme le premier groupe.

Que pouvons-nous apprendre de cette étude ?

1. Que notre esprit s'habitue à nos actions répétées
2. Qu'il nous faut une trentaine de jours d'affilée pour installer une nouvelle habitude.

Comprenez-vous la puissance de ce principe ?

Imaginez la vie que vous pourriez créer si vous développiez de nouvelles habitudes gagnantes ?

Allez-vous développer une habitude de faire du sport tous les jours ?

Allez-vous prendre l'habitude de donner plus de temps de qualité à vos proches ?

Allez-vous créer un automatisme pour donner le meilleur de vous-même à chaque instant ?

Quelle que soit la nouvelle habitude que vous décidiez d'installer, persévérez pendant un minimum de 30 jours, jusqu'à ce qu'elle devienne automatique.

Une fois que c'est devenu un automatisme, cela ne demande plus aucun effort ; c'est là que la réussite arrive à grands pas.

Vos habitudes vous rapprochent-elles de vos rêves et de vos projets ou vous en éloignent-elles ?

Je vous invite à prendre quelques minutes pour faire l'exercice ci-dessous.

Il est important de décider des habitudes que vous allez garder et les nouvelles que vous allez mettre en place à partir de maintenant.

Choisissez intelligemment, car vos habitudes déterminent votre destinée.

Exercice :

- Quelles sont les habitudes principales qui vous freinent vers la réussite et que vous voulez éliminer une bonne fois pour toutes ?

- Quelles sont les nouvelles habitudes que vous vous engagez à prendre et qui vous garantiront de réussir ? Maintenant que vous avez compris l'importance de créer un tronc puissant par une attitude gagnante et un passage à l'action décisif, passons à l'étape suivante : les branches de votre arbre.

8

Les branches

« La plupart des gens voient les choses comme elles sont et se demandent pourquoi. Je les vois comme elles pourraient être, et je me dis pourquoi pas ? »

— J.F. Kennedy

Qu'est-ce que les branches de votre arbre représentent ?

Les branches symbolisent les huit différents domaines de votre vie.

Vos huit branches de vie :

1. Vitalité/santé
2. Famille/amis
3. Argent
4. Relation intime
5. Carrière/business
6. Loisirs
7. Contribution
8. Gestion du temps

Pour enclencher un changement positif dans votre vie, la première étape est de faire un « état des lieux » de vos différents domaines de vie.

Prenez un moment et dessinez un arbre avec huit branches.

Nommez-les par domaine et notez-les entre 1 et 10 selon votre niveau de satisfaction (10 étant le niveau le plus élevé).

Que remarquez-vous ?

Y a-t-il des déséquilibres marquants ?

Quelles sont vos branches les plus développées et quelles sont celles dont vous êtes le moins satisfait ?

Comment se porte votre vie financière ? Relationnelle ? Physique ? Émotionnelle ? Spirituelle ?

Êtes-vous satisfait de la manière dont vous gérez votre temps ou à quel point vous apportez un plus dans la société ?

Si vous n'avez pas encore complété le test ItsMyTree™ sur **www.reussitemax.com/itsmytree**, je vous invite à le faire maintenant. Cela vous donnera une vision claire du déséquilibre de vos branches et des actions que vous pouvez entreprendre.

Sans aucun doute, chacun des domaines de votre vie est important.

Le problème est que la plupart des gens se focalisent uniquement sur un ou deux domaines, là où, en général, ils sont le plus à l'aise, mais négligent le reste.

Ils se trouvent donc en déséquilibre, le malaise s'installe et les problèmes s'aggravent.

Que risque-t-il d'arriver dans le long terme si vous mettez tout le poids sur une seule branche ?

Votre arbre (votre vie) se déséquilibre, et dans le cas extrême, vous êtes voué au crash, à l'écrasement; votre arbre se déracine et tombe.

Réfléchissons un moment.

Qu'est-ce qu'il risque d'arriver dans votre relation intime si vous consacrez toute votre énergie uniquement à votre travail?

Quelles sont les conséquences à long terme si vous focalisez toute votre énergie à accumuler de la richesse, mais que vous négligez votre santé?

Vous l'avez compris, la situation n'est pas durable et le résultat est que votre vie entière peut s'écrouler.

Un jour, dans un réseau d'affaires, j'ai rencontré une femme dont l'histoire m'a fait l'effet d'un électrochoc.

Elle me raconte qu'elle a trois enfants et que son mari vient de mourir d'un arrêt cardiaque.

Que lui est-il arrivé?

Il travaillait 12 heures par jour, partait au travail avant le lever des enfants et rentrait alors qu'ils dormaient déjà.

Il a passé 20 ans de sa vie à travailler comme un forcené. Il n'a pas vu grandir ses enfants, consacrait très peu de temps à sa femme et négligeait sa santé.

Pourquoi devenir riche si l'on ne prend pas soin de soi et des autres, et que l'on meurt d'un arrêt cardiaque?

À quoi sert toute la richesse du monde quand on est malheureux dans sa relation sentimentale?

Tout d'un coup, on se rend compte que ce que l'on poursuivait avec ardeur en pensant que cela allait nous rendre heureux, c'est finalement la raison de notre malheur…

Pourquoi être l'un des rares à avoir trouvé un sens à sa vie si vous n'avez pas l'argent et la vitalité pour réaliser cette vision ?

Pourquoi ne pas avoir l'un et l'autre ?

Par exemple, la plupart des gens vous diront qu'il n'est pas possible de réussir dans les affaires sans sacrifier sa famille… ou que l'on ne peut pas tout avoir.

Laissez-moi vous dire que c'est de la foutaise et que vous pouvez trouver l'équilibre et réussir dans tous les domaines !

Non seulement j'en ai la preuve par l'expérience de dizaines de personnes que je connais personnellement, mais je crois fermement que l'on peut réussir à long terme dans plusieurs domaines, uniquement si un équilibre est établi !

Vous êtes un être illimité et vous pouvez réaliser la vie que vous voulez. Il n'y a aucun doute là-dessus.

Je vous invite dès maintenant à prendre conscience de vos déséquilibres et de commencer à déployer toutes vos branches.

Vous ne pouvez pas mener une existence heureuse et épanouissante à long terme que si vous vous développez dans tous les domaines de votre vie.

ENGAGEZ-VOUS À LA CROISSANCE PERSONNELLE INFINIE

Stephen R. Covey, l'un des mentors qui ont eu le plus d'impact dans ma vie, avait comme philosophie de « Vivre sa vie en crescendo ».

Il cherchait constamment à s'améliorer, à devenir un meilleur père, mari, homme d'affaires et être humain en général.

C'est une philosophie que j'ai adoptée il y a des années et cela m'a porté dans des sphères que je pensais inaccessibles.

C'est cette manière de penser et d'agir qui m'a permis de passer de rien à la vie de mes rêves.

Voici ma recommandation : lancez ce que j'appelle « l'engagement à la C.P.I. = Croissance Personnelle Infinie ».

Réaliser votre plein potentiel nécessite de développer ces domaines de votre vie constamment.

C'est pourquoi je vous recommande de vous engager dans un perpétuel développement de vous-même.

Plus vous vous développerez, plus vous aurez de forces intérieures, plus puissant vous serez pour réaliser la vie que vous voulez.

Imaginez un peu à quoi ressemblerait votre vie dans les prochains mois et années si vous enclenchez une croissance continue dans toutes vos branches ?

Ce qui compte n'est pas d'où vous partez, mais si vous êtes en croissance ou non.

Ce qui est important pour vous n'est pas où vous êtes, mais là où vous pouvez aller.

Malheureusement, que se passe-t-il pour la plupart des gens ?

Ils étudient jusqu'à l'âge de 23 ans, trouvent un travail et basta !

Ils ont passé leur vie à étudier pour un travail, et une fois qu'ils l'ont, la croissance s'arrête ; pire, elle s'inverse.

Un être humain qui enclenche comme nouvelle habitude de se développer personnellement dans tous les domaines, cela de manière quotidienne, est voué à une vie spectaculaire !

Cet être humain est alors quelqu'un qui est maître de son destin.

Regardez autour de vous, la nature cherche à croître en permanence. Si vous n'êtes pas en croissance, vous êtes déjà en train de mourir.

C'est ce qui arrive à la plupart des gens : ils sont comme des « morts vivants ».

Ils vivent, mais ils ont perdu leur éclat, leur enthousiasme, ils se plaignent à longueur de journée, tout est un problème…

Ils ont accepté la vie telle qu'elle est, pensant que rien ne peut changer. Ils ont abandonné leurs rêves et leurs aspirations, et leur sport favori est de critiquer toutes les personnes qui réussissent ou qui tentent de poursuivre leurs rêves.

Ils ne sont plus en croissance, ils tombent alors dans une vie monotone et routinière.

En vous engageant à croître continuellement, je vous garantis que vous ne vous ennuierez plus jamais !

Je vous invite à imprimer cette phrase dans le marbre :

Si je veux avoir plus de la vie,
je dois devenir plus !

Beaucoup de gens vous regarderont avec un air bizarre quand vous lirez un livre de développement personnel ou quand ils entreront dans votre maison et verront vos rêves affichés au mur.

Certains vous critiqueront ou tenteront de vous démotiver quand vous investirez dans un séminaire ou un programme de croissance personnelle.

En général, ces personnes ne sont pas sur la voie d'une croissance infinie et d'une vie gratifiante et heureuse. Par contre vous, vous l'êtes, félicitations, et c'est bien ce qui compte !

Si vous progressez d'un pas dans chaque domaine de votre vie toutes les semaines, en 100 semaines (2 ans) votre vie sera complètement transformée.

En France, on passe en moyenne 4 h 30 par jour devant la télévision !

Que pourriez-vous gagner en réduisant quelques heures de télé et en investissant à la place dans votre croissance personnelle ?

Vous pourriez devenir acteur et non spectateur de votre vie.

Comment serait votre vie si vous pouviez avoir les finances, l'énergie, la vitalité, la paix d'esprit, les relations et la qualité de vie que vous voulez ?

Votre vie serait alors un chef-d'œuvre et elle vaudrait vraiment la peine d'être vécue !

Et c'est ce qui vous arrivera si vous vous engagez dans un processus de croissance personnelle infinie.

SOYEZ UN ÉTERNEL ÉTUDIANT

En latin, le mot « humus » a deux significations : le sol fertile et l'humilité.

Lorsqu'un sol est fertile, tout peut croître. Il n'y a pas de limites à ce que nous sommes capables de manifester dans notre vie.

Mais pour cela, nous devons être suffisamment humbles pour nous remettre en question et apprendre de la situation.

Par expérience, dès que j'ai mis mon ego en premier, les conséquences ont été désastreuses.

Pourquoi ?

Quand votre sol devient aride et que vous n'êtes plus en position d'humilité, vous ne pouvez plus rien apprendre de la situation ou des événements.

Vous êtes alors déjà en mode décroissance.

L'humilité n'est pas une attitude de faible, bien au contraire !

C'est faire preuve de force intérieure et de courage que d'être suffisamment humble pour être à l'écoute et constamment chercher à s'améliorer.

C'est une qualité rare que peu de gens possèdent, et c'est la fondation de votre croissance.

Je vous invite à partir de maintenant à rendre votre « sol fertile » et à ne jamais tomber dans le piège du « je sais tout, je connais déjà ».

Les plus grands hommes sont les plus humbles !

Prenez maintenant un peu de temps et répondez aux questions suivantes :

Dans quelles actions dois-je m'engager pour faire croître mes branches ?

Quelles habitudes puis-je adopter dès maintenant pour croître de manière infinie dans mes huit branches de vie ?

À présent, passons à l'étape suivante, les fruits qui représentent vos résultats.

9

Vos fruits

« Si vous vous focalisez sur le fait de contribuer plutôt qu'accomplir, vous réaliserez une vie qui dépassera votre imagination. »

— Stephen Covey

Vos fruits représentent deux choses : vos résultats et la contribution que vous avez apportée à la société.

Comment sont vos fruits ? Sont-ils juteux ? Délicieux ? Ou sont-ils plutôt secs et acides ?

Vivez-vous en ce moment avec un sentiment de bonheur et d'accomplissement ou expérimentez-vous plutôt l'ennui et le stress ?

Les fruits sont le résultat de tous vos choix du passé, si vous désirez changer la qualité de vos fruits de demain, vous devez changer vos choix aujourd'hui.

Le meilleur moyen pour savoir si vous devez améliorer le processus depuis les racines, c'est de regarder vos fruits.

Posez-vous ces questions : *est-ce que mes résultats actuels me conviennent ? Est-ce que je suis heureux, est-ce que j'ai la réussite que je souhaite, est-ce que j'ai l'argent que je veux, la relation que je désire ?*

En regardant objectivement votre vie, peut-être allez-vous vous dire : *oui, c'est super, mais cela pourrait être tellement mieux !*

Quelle que soit notre situation, nous voulons tous goûter à des fruits de plus en plus succulents.

DONNER ET RECEVOIR : UNE CLÉ ESSENTIELLE

Le premier principe que je désire vous transmettre pour augmenter la saveur de vos fruits est votre capacité à donner et à recevoir pleinement.

Pensez-y, vous recevez à la mesure de ce que vous avez donné, et vice versa !

Êtes-vous du style à toujours vouloir prendre ?

Avez-vous tendance à être égoïste et ne penser qu'à vous ?

Avez-vous déjà été en face d'un vendeur qui ne s'intéresse pas à vous, mais uniquement au profit de la vente ?

Cela vous donne-t-il envie d'acheter le produit ou le service de ce vendeur ?

Mais peut-être faites-vous l'inverse…

Avez-vous tendance à vous sacrifier pour les autres et oublier vos propres besoins ?

Avez-vous du mal à recevoir pleinement les compliments ou les cadeaux des autres ?

C'est un peu comme les vases communicants, la vie fonctionne sur un équilibre de donner et recevoir.

Tentez d'inspirer (prendre) mais de ne plus expirer. Que se passe-t-il ?

C'est une question de temps avant que vous ne sentiez le besoin urgent d'expirer (donner), sinon vous en mourrez.

J'ai l'intime conviction qu'un bon équilibre de donner-recevoir mène à une vie épanouissante.

Dans certains de mes séminaires, nous pratiquons « l'art du *hug* nourrissant ».

De quoi s'agit-il ?

Un *hug* est une accolade, une étreinte entre deux personnes qui a pour but de donner et de recevoir, dans un échange de cœur à cœur.

Après une série de *hugs* en pleine conscience, les participants témoignent d'une paix intérieure et d'une joie profonde.

Votre capacité à donner tout votre meilleur et à recevoir pleinement des autres détermine votre niveau de bonheur et de réussite.

C'est un principe essentiel. Malheureusement pour la plupart des gens, soit ils donnent beaucoup, mais ne savent pas recevoir, soit ils attendent de recevoir, mais ne donnent rien.

Car si vous ne pouvez pas percevoir le bonheur de recevoir, comment voulez-vous ressentir le bonheur de donner ?

Lorsqu'on vous fait un cadeau et que cela vous remplit de joie, n'avez-vous pas envie d'en faire autant ?

Lorsque vous donnez inconditionnellement, une force invisible se met en action et immanquablement, vous recevez en retour.

De la même manière, lorsque vous savez recevoir avec gratitude, vous apportez de la joie à votre donneur.

Quel est votre sentiment lorsque vous donnez sans attendre en retour ?

Vous vous sentez incroyablement bien.

Pour vous sentir heureux, pratiquez l'art de donner et recevoir pleinement.

SEMEZ CE QUE VOUS VOULEZ RÉCOLTER

Vous avez déjà entendu ce vieil adage qui dit : « On récolte ce que l'on sème ».

Alors que pouvez-vous semer ?

Tout ce que vous souhaitez voir arriver dans votre vie… !

Quand vous n'avez pas le succès que vous souhaitez, quand vous n'avez pas l'amour que vous désirez, quand vous n'avez pas suffisamment d'argent pour vos réalisations, rappelez-vous ce principe : « Je récolte ce que je sème ».

Ce que vous envoyez dans l'univers vous revient en retour tel un boomerang à plus ou moins longue échéance.

Cela reviendra peut-être sous une autre forme : de l'énergie positive, un cadeau inattendu, de l'argent, du bonheur des mercis et tant d'autres possibilités de retour !

Plus vous vous focaliserez à donner, et plus vous recevrez !

Les gens qui réussissent donnent, ils ne sont pas en permanence en train d'attendre des autres.

Cela ne serait-il pas tout simplement merveilleux si vous pouviez apporter tous les jours du bonheur autour de vous, juste pour le plaisir et sans rien attendre en retour ?

N'oubliez pas que vous êtes 100 % responsable de votre vie.

Vous voulez une vie meilleure ? Semez du bon grain !

LANCEZ VOTRE « CORRECTEUR DE TRAJECTOIRE »

Pour améliorer constamment la récolte de vos fruits, laissez-moi vous transmettre un outil puissant que j'ai nommé le « correcteur de trajectoire ».

Cet outil m'a permis en quelques semaines d'obtenir des résultats significatifs ; je vous invite dès maintenant à l'ajouter à vos habitudes quotidiennes.

Imaginez que vous embarquez dans un vol Paris - New York.

Vous êtes en classe affaires, tout va bien, la vie est belle.

Une heure après le décollage, le commandant de bord déclare : « Bonjour, mesdames et messieurs, nous éprouvons un léger problème avec le système de guidage, mais ne vous inquiétez pas, nous n'aurons qu'un degré d'erreur sur notre trajectoire. »

Tout le monde est rassuré, par contre dans la cabine du commandant, c'est la panique générale.

Et quelle est la raison ?

Sur un kilomètre, un degré a peu d'importance, mais sur 10 000 km, l'erreur de trajectoire vous amènera chez nos amis les Québécois !

Tout comme cela a peu d'impact de prendre une cigarette de plus aujourd'hui, mais poursuivez cet acte pendant 20 ans, vous en multiplierez les effets, et vous pourrez faire face à des conséquences catastrophiques.

Avec le temps, si vous ne corrigez pas ce petit degré qui vous semble insignifiant, cela peut vous amener à un endroit totalement différent de celui où vous désiriez vous rendre.

Pour vous assurer d'arriver à destination, je vous invite à utiliser le correcteur de trajectoire à partir de maintenant.

Comment s'en servir ?

Prenez une feuille en format paysage, où la largeur est plus importante que la hauteur. Tirez deux lignes verticales de façon à diviser votre feuille en trois colonnes. En haut de la première colonne, écrivez « + », dans la seconde « - », et dans la troisième « à changer ».

La colonne « + » correspond aux « plus » de la journée. Par exemple toutes les petites victoires dont vous êtes fier, comme un rendez-vous confirmé, un repas plus sain, un sourire, un acte gratuit, une réussite même minime.

La colonne « - » correspond aux « moins » de la journée. Par exemple tout ce qui n'a pas été accompli, un repas trop copieux, un manquement ou une absence à la salle de sport, une mauvaise parole, un énervement, un laisser-aller, etc.

La colonne « à changer » correspond à tous les engagements que vous prenez pour diminuer la colonne « - » et augmenter la colonne « + ».

Prenez un cahier que vous intitulerez « mon correcteur de trajectoire » et notez chaque jour vos plus, vos moins et ce qui pourrait être changé, amélioré, mis en place.

De cette façon, vous rééduquerez votre cerveau et modifierez vos habitudes, ce qui vous permettra d'atteindre vos objectifs et d'améliorer constamment vos résultats.

Il n'y a pas de limites à ce que vous êtes capable d'accomplir, de récolter et de faire pour contribuer.

Vous êtes né pour faire de votre vie un chef-d'œuvre ; plus vos fruits seront juteux et délicieux, plus votre vie sera exceptionnelle.

APPRÉCIEZ CE QUE VOUS AVEZ

Pensez-y, à quoi bon avoir des fruits magnifiques si c'est pour les laisser pourrir dans la corbeille de fruits ?

La plupart des gens passent leur temps à regretter la récolte passée ou à s'inquiéter de la récolte future, au lieu d'apprécier ceux qu'ils ont déjà à l'instant T, soit au moment présent.

Avoir la capacité d'apprécier totalement ce que vous avez à votre disposition ici et maintenant vous permet de profiter pleinement de la vie.

Vous voulez mon secret pour être rayonnant toute la journée ?

Cultivez la gratitude.

Focalisez-vous sur ce que vous avez, plutôt que sur ce que vous n'avez pas.

Troquez vos frustrations contre des appréciations pour le reste de votre vie.

Quelle que soit notre situation, nous avons toujours de quoi critiquer, râler ou de quoi être reconnaissant.

Ce choix détermine si nous vivons une vie heureuse ou stressante.

Dès que vous vous sentez piégé par vos frustrations, rappelez-vous qu'il suffit d'axer votre attention sur les choses qui vont bien.

Par une simple pensée, par un simple choix, vous avez le pouvoir de changer votre ressenti.

Pour ma part, j'ai pris l'habitude de me lever le matin et d'apprécier simplement la vie qui coule en moi.

Je me pose ces questions dès mon réveil le matin :

Que puis-je apprécier dans ma vie ?

Qu'y a-t-il de merveilleux dans ma vie en ce moment ?

Quels sont les cadeaux qui s'offrent à moi aujourd'hui ? »

Ces questions me forcent à me mettre dans un état d'appréciation, et cet état a tendance à me suivre toute la journée.

Votre qualité de vie est proportionnelle à votre capacité d'appréciation.

Si vous ne pouvez pas éprouver de la gratitude pour ce que vous avez maintenant, vous ne pourrez pas être reconnaissant de ce que vous aurez plus tard.

Si vous ne savez pas apprécier vos relations, en ce moment, vous ne saurez pas apprécier vos relations futures.

Pourquoi ne pas choisir d'être heureux maintenant ?

Pourquoi passer votre vie à regretter le passé ou à s'inquiéter de l'avenir ?

Pourquoi ne pas révolutionner votre vie en choisissant délibérément de jouir du moment présent pendant que vous bâtissez un avenir brillant ?

Ce n'est pas la destination qui vous rendra heureux, c'est le chemin vers cette destination.

Votre vie peut être magique maintenant, il suffit de le choisir.

N'attendez pas d'avoir une nouvelle voiture pour sauter de joie.

N'attendez pas de vivre une nouvelle relation amoureuse pour esquisser un grand sourire et que votre visage rayonne.

Ne pensez-vous pas que c'est justement en souriant de bonheur que vous allez attirer le meilleur à vous ?

Souriez, amusez-vous, profitez et appréciez maintenant les choses et les cadeaux qui sont là juste devant vous.

LE CADEAU DU MOMENT PRÉSENT

Tout ce que nous avons, c'est le moment présent.

La seule chose que l'on ne peut pas rattraper, c'est le temps.

Vous pouvez perdre votre argent et le récupérer. Vous pouvez perdre une relation amoureuse et en retrouver une nouvelle.

Mais quand vous perdez une heure ou une journée de votre vie, celle-ci est perdue à tout jamais.

Laissez-moi boucler ce chapitre par une phrase qui a marqué mon esprit et qui va sûrement vous faire sourire :

« Le passé c'est de l'histoire. Le futur est un mystère. Le présent est un cadeau, c'est pour cela qu'on l'appelle le présent. »

— Maître Oogway, *Kung Fu Panda*

Voyons maintenant l'importance de créer un environnement adapté à la réussite et à la croissance.

10

Votre environnement

« Quand vous tenez votre bébé dans les bras pour la première fois, et que vous pensez à toutes les choses que vous pouvez lui dire pour l'influencer, c'est une énorme responsabilité. L'environnement dans lequel il va baigner va non seulement l'influencer, lui, mais aussi toutes les personnes qu'il rencontrera, et pas seulement pour un jour ou une année, mais pour toujours. »

— Rose Kennedy

Que vous le vouliez ou non, votre environnement a un impact direct sur votre qualité de vie.

Votre environnement relationnel et physique a le pouvoir de vous tirer vers le haut ou l'inverse.

Il est temps pour vous de prendre conscience de ce qui vous entoure et de faire de nouveaux choix pour vous propulser vers la réussite que vous désirez.

Vous avez différents types d'environnements : votre environnement physique, professionnel et personnel.

Posez-vous les questions suivantes :

Est-ce que mon lieu de vie est en adéquation avec mes aspirations ?

Écoutez-vous de la musique qui vous donne de la force et de l'énergie ou est-ce une musique qui vous rend triste ou agressif ?

Combien de temps passez-vous devant le téléviseur et que regardez-vous ? Est-ce que ces émissions ou ces films vous inspirent, vous éduquent et vous mettent du baume au cœur ou en ressortez-vous avec des peurs et des inquiétudes sur la vie ?

Est-ce que les livres que vous lisez sont en accord avec le but que vous désirez atteindre ?

Prenez un moment pour noter toutes vos influences physiques : la musique que vous écoutez, les livres que vous lisez, les émissions radio que vous écoutez, les chaînes télé que vous regardez, les sites Web que vous consultez, et votre lieu de résidence, puis posez-vous la question :

Est-ce qu'ils sont en accord avec ce que je désire accomplir dans ma vie ?

Certes, votre environnement physique exerce un impact important dans votre vie, mais vos influences relationnelles ont bien plus d'impact encore !

EXPLOITEZ LA LOI D'ASSOCIATION

Votre entourage a bien plus d'impact sur vous que ce que vous pensez.

Vos fréquentations et le temps passé avec elles détiennent le pouvoir de détruire vos rêves ou d'accélérer leurs réalisations.

L'affirmation suivante risque de vous choquer, mais vos résultats correspondent à la moyenne des cinq personnes que vous fréquentez le plus.

Si vous désirez être malheureux, soyez certain de passer beaucoup de temps avec des gens stressés et négatifs.

Si vous désirez vous enrichir, le meilleur moyen que je connaisse est de vous entourer de gens riches.

C'est exactement ce qui m'a permis de multiplier par 30 mes revenus en moins de 10 ans.

Je vous invite à dresser une liste des personnes que vous fréquentez et à vous poser la question suivante : *Ont-elles des influences positives ou négatives dans ma vie ?*

Il n'est pas question de les juger, mais tout simplement d'en prendre conscience et d'agir en conséquence.

Posez-vous maintenant la question : *Quelles sont les personnes avec qui je pourrais passer plus de temps qui sont elles-mêmes des moteurs pour les autres ?*

Voici un conseil en or : créez-vous un environnement favorable à votre croissance.

FAITES ATTENTION AUX VERS DE TERRE !

Vous rappelez-vous vos racines ? Elles représentent en partie vos rêves et vos aspirations.

La majorité des gens se font dévorer leurs racines par une myriade de « vers de terre » qui sont des « voleurs de rêves ».

Ne laissez jamais autrui voler vos rêves !

Ne laissez personne vous empêcher de les atteindre.

Vos rêves ont pour but d'être réalisés, sinon ils n'existeraient pas !

Protégez-les coûte que coûte, comme vos biens les plus précieux.

« Dans 20 ans, vous serez plus déçu par les choses que vous n'avez pas faites que par celles que vous avez faites. Alors sortez des sentiers battus. Mettez les voiles. Explorez. Rêvez. Découvrez. »

— Mark Twain

Il se peut que l'un de vos proches veuille vous en empêcher pour « soi-disant » vous protéger.

Si cela arrive, je vous invite tout simplement à le remercier pour sa sollicitude, puis à lui dire que vous avez un rêve à réaliser et que personne ne peut vous en empêcher.

Vous serez surpris par la réaction des gens face à votre détermination.

Quant aux personnes négatives, je vous encourage à les fuir tout simplement.

N'oubliez pas : votre entourage a un impact puissant et direct sur votre qualité de vie et détermine vos résultats futurs.

Soyez sélectif et choisissez intelligemment.

REJOIGNEZ UN MASTERMIND

Savez-vous quel est le point commun entre Henry Ford, Oprah Winfrey, Thomas Edison ou encore Steve Jobs ?

Ils ont tous fait partie d'un Mastermind !

La traduction littérale de l'anglais est « esprits de maîtres ».

Qu'est-ce qu'un Mastermind plus concrètement ?

C'est un partage des connaissances et des secrets entre personnes qui ont pour but de créer une « super croissance » dans leur vie.

Dans le livre *Réfléchissez et devenez riche*, Napoleon Hill insiste sur le pouvoir du cerveau collectif, un principe incontournable utilisé par les plus grands de ce monde.

Les membres d'un Mastermind comprennent que seuls, ils peuvent réaliser de belles choses, mais qu'avec la puissance d'un cerveau collectif, ils multiplient les effets de leurs résultats de manière spectaculaire.

Pour ma part, je participe à différents Mastermind dans lesquels j'investis plus de 100 000 € par an.

Je peux affirmer que c'est le meilleur investissement que j'ai fait. Rien ne m'a permis de progresser aussi rapidement dans tous les domaines de ma vie.

Les gens qui rejoignent un Mastermind n'ont pas de temps à perdre et veulent créer une vie hors du commun le plus rapidement possible.

Au sein de ReussiteMax®, j'ai créé un MasterMind qui s'appelle 3M (MaxMasterMind), dans le but de créer une croissance accélérée dans toutes les branches de la vie.

J'aime emmener les gens dans les plus beaux endroits du monde, pour accroître leur vision de vie, pendant qu'ils reçoivent des enseignements de haut niveau tout en bénéficiant de la puissance du cerveau collectif.

3M ne peut accepter qu'un nombre limité de personnes et uniquement sur candidature.

Si vous désirez poser votre candidature, envoyez-nous un email sur **3M@reussitemax.com**

LE POUVOIR DU COACHING

Une étude a été menée auprès des 100 meilleures entreprises américaines classées par le magazine *Forbes*.

Cette étude avait pour but de déterminer les 10 clés communes de ces entreprises qui leur permettent d'être si performantes.

Dans le top 4 se trouvait le coaching, une démarche d'accompagnement personnalisé ou mentorat.

Aux États-Unis, avoir un coach est courant. Dans notre bonne vieille Europe, c'est une approche qui est encore peu utilisée, ce qui est regrettable lorsque l'on en connaît les bienfaits.

« Tout le monde a besoin d'un coach. »

— Bill Gates

Pour ma part, j'ai à la fois un coach de posture, de voix, de sport, de business, etc.

C'est de loin l'un des meilleurs investissements pour ma réussite.

Il vous en coûte vraiment plus de ne pas avoir de coach.

J'aime dire qu'un coach n'est pas votre ami, il est votre meilleur ami.

Comment choisir son coach ?

Malheureusement, actuellement, tout le monde s'improvise ou se proclame coach, peu importe le domaine, sans pour autant avoir l'expérience et les compétences requises. D'ailleurs, le plus souvent, ce ne sont pas des exemples à suivre.

Pour moi, un excellent coach, c'est avant tout un leader qui montre l'exemple et qui vit ce qu'il enseigne.

C'est aussi une personne qui vous pousse dans vos retranchements, qui vous permet d'aller bien plus loin que ce que vous feriez en temps normal, et qui veille à ce que vous respectiez vos engagements.

Tous les grands de ce monde, que ce soit les sœurs Williams, Céline Dion, l'équipe championne de foot, ou encore tous les présidents de la planète emploient un ou plusieurs coachs.

Le coaching peut se faire sous forme de séminaires ou en tête à tête.

Si vous désirez passer au niveau supérieur, je vous invite fortement à vous trouver un coach en qui vous avez confiance, et qui possède l'énergie et les compétences dont vous avez besoin pour atteindre vos objectifs.

En ce qui me concerne, je propose encore des coachings personnels. Cependant, peu de personnes y ont accès, c'est pourquoi j'ai mis en place des séminaires pour permettre à plus de monde d'accéder à un coaching de transformation efficace.

Dans mes séminaires, je coache des participants en direct.

Par la transformation, parfois spectaculaire, que la personne coachée expérimente en quelques minutes, tous les participants tirent profit de cette même transformation.

Compte tenu de la demande grandissante, j'ai aussi formé des coachs certifiés ReussiteMax® pour accompagner nos clients dans leur réussite.

Si vous êtes intéressé à participer à l'un de mes séminaires, être coaché par l'un de mes coachs ou moi-même, envoyez-nous un email à : **contact@reussitemax.com**

11

Synthèse et conclusion

D'après ce que disent les études, une personne sur dix finit la lecture d'un livre donné. Si vous êtes arrivé jusqu'ici, cela montre que vous avez un véritable désir de changement dans votre vie, et je vous en félicite !

Nous avons parcouru un beau voyage ensemble à travers votre arbre de vie et le processus ItsMyTree™.

Nous avons vu l'importance de la sève, qui représente l'énergie. Plus haute est votre énergie, meilleure est votre qualité de vie, et plus rapidement vous atteindrez vos objectifs.

Pour créer une vie extraordinaire, vous avez besoin de développer des racines bien ancrées, ce qui signifie une raison d'être qui vous fait vibrer et des rêves et objectifs clairs.

Ensuite, vous devez développer des forces qui vous tirent vers le haut et faire voler en éclats ces croyances limitantes qui vous empêchent de progresser.

Tant que le doute, les peurs et les croyances limitantes dominent, vous ne pouvez faire croître votre arbre.

Puis nous avons vu l'importance de se constituer un tronc puissant au moyen des deux As : l'Attitude et l'Action.

Rappelez-vous, on ne peut jamais aider une personne avec une mauvaise attitude et rien ne tombe du ciel. L'action est l'élément qui concrétise vos rêves en réalité.

Ensuite, vous avez compris qu'il est essentiel de garder un équilibre dans vos huit branches de vie et de constamment chercher à les faire croître.

Nous sommes nés pour croître et nous épanouir jusqu'à notre plein potentiel.

Puis nous avons mentionné l'importance de savoir donner et de recevoir pleinement, et d'apprécier les petites et grandes choses de la vie pour créer une récolte de fruits délicieux.

Finalement, nous avons vu qu'il était capital de créer un environnement favorable à la super croissance, au bonheur et à la réussite.

Je vous invite à cultiver ces sept étapes du Processus ItsMyTree™ dès à présent dans votre quotidien.

Gardez toujours à l'esprit que savoir ne suffit pas.

Pour véritablement créer des changements notables dans votre vie, vous devez assimiler pleinement tous ces principes, les intégrer au plus profond de vos cellules et de votre cœur.

POUVEZ-VOUS CHANGER LE MONDE ?

Pour conclure, j'ai une question importante à vous poser :

Croyez-vous pouvoir changer le monde ?

Sur la tombe d'un moine de l'abbaye de Westminster, on peut lire cette inscription :

Quand j'étais jeune, je voulais changer le monde.

J'ai trouvé qu'il était difficile de changer le monde, alors j'ai essayé de changer ma nation.

Quand je me suis aperçu que je ne pouvais pas changer ma nation, j'ai essayé de me concentrer sur ma ville.

Je n'ai pas pu changer ma ville, j'ai alors essayé de changer ma famille.

Maintenant, en tant que vieil homme, je me rends compte que la seule chose que je puisse changer, c'est moi-même.

Et soudain, je réalise que si j'avais changé plus tôt, j'aurais pu avoir un impact sur ma famille.

Ma famille et moi aurions pu avoir un impact sur notre ville.

Cet impact aurait pu changer la nation et j'aurais certainement pu changer le monde.

Tout comme Gandhi, qui par la force de son cœur et sa détermination a changé le monde en instaurant la paix et la liberté en Inde, vous avez vous aussi le pouvoir de changer le monde.

Soyez conscient que si vous voulez changer votre monde extérieur, vous devez changer votre monde intérieur.

Prenez de réels engagements et passez à l'action maintenant.

Quand vous aurez lu la dernière page de ce livre, que se passera-t-il après ?

Allez-vous juste vous dire : *Ah ce livre était intéressant* ou allez-vous réellement mettre en application les puissants principes que vous avez découverts ?

Je vous invite de tout cœur à ne pas vous contenter d'être comme ces gens qui passent leur temps à rêver leur vie, mais d'adopter plutôt l'attitude de ceux qui vivent leurs rêves.

Pour cela, vous devez vous engager à monter d'un cran, à devenir la meilleure version de vous-même, à créer la vie que vous désirez.

Votre engagement

Notez votre engagement sur une feuille de papier ou dans votre journal de réussite : « Je m'engage à … »

Maintenant, levez-vous et engagez-vous solennellement avec tout votre esprit, votre cœur et toute votre conviction.

Regardez-vous dans un miroir, et faites cet engagement à vous-même !

Mettez-y de l'énergie, de la foi, de l'assurance.

Et rappelez-vous toujours :

La meilleure chose que je puisse apporter au monde, c'est de devenir le meilleur de moi-même.

J'espère sincèrement que ce livre vous aura permis de devenir une meilleure version de vous-même.

C'est un honneur de vous guider sur le chemin de votre réussite.

Si vous pensez que cet enseignement peut bénéficier à votre entourage, n'hésitez pas à le partager avec eux ou à leur offrir un exemplaire de ce guide pratique.

Je vous souhaite tout le bonheur, l'épanouissement et la réussite !

Ma plus grande joie est véritablement de vous voir grandir et réussir.

Au plaisir de vous rencontrer prochainement en personne lors d'un de mes séminaires.

Du fond cœur,

Max Piccinini

Boîte à outils

MANTRAS

Le bonheur et la réussite se trouvent en dehors de votre zone de confort.

À partir de maintenant, je vais honorer ma vie en devenant la meilleure version de moi-même.

La vie recèle une valeur inestimable. Nous avons une chance inouïe d'être en vie !

Si je veux changer les choses, JE dois changer.

Vous ne pouvez pas créer la vie de vos rêves en énergie basse. Tout changement constant ne peut s'effectuer qu'en énergie élevée.

Si je veux changer mon monde extérieur, je dois changer mon monde intérieur.

Ce n'est pas ce qui nous arrive qui compte, mais notre réponse émotionnelle à la suite de cet événement.

Derrière la peur et la douleur, on retrouve le bonheur.

Votre raison d'être, c'est de vous focaliser sur des sujets qui ne sont pas exclusivement axés sur vous.

Le bonheur, c'est de donner.

Meilleure est la qualité de vos pensées et de vos croyances, meilleure est la qualité de votre vie.

Quand vous arrivez à vous reprogrammer, quand vous savez mettre en accord votre conscient et votre subconscient, quand vous arrivez à vous libérer de croyances qui vous bloquent et vous sabotent… Votre vie prend son envol !

Ce que vous croyez devient vrai.

Pour changer, il ne suffit pas de « vouloir », il faut aussi y « croire ».

Tenez vos promesses coûte que coûte, envers les autres comme envers vous-même, ou ne les faites pas, sinon votre estime personnelle sera fortement ébranlée.

Un leader place ses valeurs d'honnêteté, d'intégrité, de respect et d'authenticité au-dessus de tout.

L'action est le pont entre vos rêves et la réalité.

La peur est l'élément qui paralyse votre avancée vers vos rêves. L'action en est l'antidote.

La différence entre celui qui réussit et celui qui stagne, c'est qu'ils ont tous deux peur, mais le premier passe à l'action malgré tout.

La réussite arrive quand vous dépassez votre peur et que vous cherchez des petites victoires jour après jour.

Votre physiologie est le premier pas pour développer une plus grande confiance en vous.

Vos résultats actuels sont donc étroitement liés à votre monologue perpétuel.

Surveillez vos pensées et les mots que vous utilisez, car ils sont créateurs de votre réalité.

Vous êtes le réalisateur de votre film, le créateur de votre vie.

Ce sur quoi vous vous focalisez s'amplifie.

Les images que vous mettez dans votre esprit sont comme un ordre passé à votre subconscient. Si vous voulez réussir, focalisez-vous sur la réussite, sur ce que vous voulez réaliser, sur les possibilités.

Sur votre chemin de la réussite, vous ferez forcément face à des difficultés. Acceptez qu'elles soient là, car elles sont nécessaires à l'accomplissement de vos projets.

Les difficultés vous permettent de vous transcender, de vous développer, de grandir, de devenir une « meilleure version » de vous-même.

Si vous avez un rêve qui brûle dans votre cœur, persévérez et n'abandonnez JAMAIS !

Quand votre esprit est focalisé à faire tout ce qui doit être fait pour réussir, sans aucune possibilité de sortie d'un côté ou de l'autre, vous n'avez pas d'autre choix que de réussir.

Quand vous prenez un véritable engagement et que vous passez à l'action, le chemin doit s'ouvrir.

Un être humain qui enclenche comme nouvelle habitude de vie de se développer personnellement dans tous les domaines, et ce de manière quotidienne, est voué à une vie spectaculaire !

Si je veux avoir plus de la vie, je dois devenir plus.

C'est faire preuve de force intérieure et de courage que d'être suffisamment humble pour être à l'écoute et constamment chercher à s'améliorer.

Les plus grands hommes sont les plus humbles.

Vous recevez à la mesure de ce que vous avez donné, et vice versa.

Pour vous sentir heureux, pratiquez l'art de pleinement donner et recevoir.

Ce que vous envoyez dans l'univers vous revient en retour, tel un boomerang à plus ou moins longue échéance.

Avoir la capacité d'apprécier pleinement ce que vous avez à votre disposition au moment présent vous permet de profiter pleinement de la vie. Cultivez la gratitude.

Vos fréquentations et le temps passé avec elles ont le pouvoir de détruire vos rêves ou d'accélérer leurs réalisations.

Ne laissez jamais autrui voler vos rêves ! Ne laissez personne vous empêcher de les atteindre.

Votre qualité de vie est proportionnelle à votre capacité d'appréciation.

Ce n'est pas la destination qui vous rendra heureux, c'est le chemin vers cette destination.

Un coach n'est pas votre ami, il est votre meilleur ami. C'est un leader qui montre l'exemple et qui vit ce qu'il enseigne, une personne qui vous pousse dans vos retranchements, qui vous permet d'aller bien plus loin que ce que vous feriez en temps normal, et qui veille à ce que vous teniez vos engagements.

La meilleure chose que je puisse apporter au monde, c'est de devenir le meilleur de moi-même.

QUESTIONS POUR VOUS ÉLEVER

Voulez-vous une vie « sans problème », mais monotone ou une vie avec des défis à relever, mais passionnante ?

Êtes-vous prêt à faire briller votre « bouddha d'or » et à créer une vie exceptionnelle ?

Êtes-vous prêt à transformer vos difficultés en opportunités et à vous élever ?

Qui voulez-vous devenir ? Quelles sont les qualités que vous recherchez ?

Qu'est-ce qui vous enthousiasme dans la vie ?

Avez-vous des rêves en particulier ?

Quelle est votre raison d'être ?

Où vous voyez-vous dans cinq ans ?

Qu'est-ce que je veux vraiment dans la vie ? Quelle est la vie que je souhaite créer ?

Pourquoi suis-je venu sur terre ? Qu'est-ce que je veux laisser derrière moi une fois que j'aurai quitté cette terre ?

Quelles sont vos limites personnelles ? Du bonheur que vous pouvez expérimenter ? De ce que vous pouvez gagner ? De la vie que vous pouvez vivre ? Quelles sont vos limites par rapport à l'argent, sur le plan de la contribution que vous pouvez apporter dans le monde ?

Qu'est-ce qui me limite ? Qu'est-ce que je me dis fréquemment qui a tendance à m'arrêter dans mon élan ?

Quelles sont les pensées que j'entretiens régulièrement, qui me disent que ce n'est pas possible, ou que je ne peux pas faire ceci ou cela, ou que je ne suis pas assez bon pour y arriver ou encore que ça n'en vaut pas la peine ?

Voyez-vous tout en problèmes ou en opportunités ?

Voyez-vous votre dernière séparation comme un drame ou un cadeau ?

Pour vivre vos rêves ou faire un monde meilleur, êtes-vous prêt à persévérer même quand vous encaissez les échecs ou les rejets par centaines ?

Est-ce que mes habitudes me mènent vers la réussite ou l'échec ?

Est-ce que mes résultats actuels me conviennent ? Est-ce que je suis heureux, est-ce que j'ai la réussite que je souhaite, est-ce que j'ai l'argent que je veux, la relation que je désire ?

Avez-vous tendance à être égoïste et à ne penser qu'à vous ?

Avez-vous tendance à vous sacrifier pour les autres et à oublier vos propres besoins ? Avez-vous du mal à recevoir pleinement les compliments ou les cadeaux des autres ?

Si vous ne pouvez pas ressentir le bonheur de recevoir, comment voulez-vous ressentir le bonheur de donner ?

De quoi puis-je être reconnaissant dans ma vie ? Qu'y a-t-il de merveilleux dans mon existence en ce moment ? Quels sont les cadeaux qui s'offrent à moi aujourd'hui ?

Est-ce que mon lieu de vie est en adéquation avec mes aspirations ?

Écoutez-vous de la musique qui vous donne de la force et de l'énergie ou est-ce une musique qui vous rend triste ou agressif ?

Combien de temps passez-vous devant la télé et que regardez-vous ? Est-ce que ce sont des émissions ou des films qui vous inspirent, vous éduquent et vous mettent du baume au cœur ou en ressortez-vous avec des peurs et des inquiétudes sur la vie ? Est-ce que les livres que vous lisez sont en accord avec le but que vous désirez atteindre ?

EXERCICES

Définissez vos objectifs (4- les racines)

✓ Notez selon la formule P.A.T.E.P., ce que vous voulez ÊTRE

✓ Notez selon la formule P.A.T.E.P., ce que vous voulez FAIRE

✓ Notez selon la formule P.A.T.E.P., ce que vous voulez AVOIR

Comment créer un nouveau « programme intérieur » (6- Les forces)

✓ Identifiez vos croyances limitantes

✓ « Rayez le disque »

✓ Remplacez le disque

La VERA (5 - Une puissante méthode pour transformer vos croyances)

- Tous les matins en vous levant, répétez vos affirmations positives à voix haute avec émotions et conviction.
- Tous les soirs avant de vous coucher, relaxez-vous et visualisez les objectifs que vous désirez réaliser comme si vous les viviez déjà.
- Une fois par semaine, écrivez et mettez à jour votre liste de nouvelles croyances et d'objectifs.

PMF : un puissant outil pour dépasser votre peur (6 – PMF)

- **P**hysiologie
- **M**onologue
- **F**ocalisation

Vos habitudes déterminent votre destinée (7 – Créer de nouvelles habitudes)

✓ Quelles sont les habitudes principales qui vous freinent vers la réussite et que vous voulez éliminer une bonne fois pour toutes ?

✓ Quelles sont les nouvelles habitudes que vous vous engagez à prendre et qui vous garantiront de réussir ?

Le correcteur de trajectoire (7 - Lancez votre correcteur de trajectoire)

Prenez une feuille en format paysage. Tirez 2 lignes verticales de façon à diviser votre feuille en 3 colonnes. En haut de la première colonne écrivez « + », dans la seconde « - », et dans la troisième « à changer ».

La colonne « + » correspond aux « plus » de la journée. Par exemple toutes les petites victoires dont vous êtes fier : un rendez-vous confirmé, un repas plus sain, un sourire, un acte gratuit, une réussite même minime.

La colonne « - » correspond aux « moins » de la journée. Par exemple tout ce qui n'a pas été accompli, un repas trop copieux, un manquement ou une absence à la salle de sport, une mauvaise parole, un énervement, un laisser-aller, etc.

La colonne « à changer » correspond à tous les engagements que vous prenez pour diminuer la colonne « - » et augmenter la colonne « + ».

Prenez un cahier que vous intitulerez « mon correcteur de trajectoire » et notez chaque jour vos plus, vos moins et ce qui pourrait être changé, amélioré, mis en place.

De cette façon, vous rééduquerez votre cerveau et changerez vos habitudes, ce qui vous permettra d'atteindre vos objectifs et constamment améliorer vos résultats.

Votre environnement (9 – Votre environnement)

✓ Prenez un moment pour noter toutes vos influences physiques : la musique que vous écoutez, les livres que vous lisez, les émissions radio que vous écoutez, les chaînes TV que vous regardez, les sites Web que vous consultez, et votre lieu de résidence, puis posez-vous la question : *Est-ce qu'ils sont en accord avec ce que je désire accomplir dans ma vie ?*

✓ Dressez une liste des personnes que vous fréquentez et posez-vous la question suivante : « Sont-elles des influences positives ou négatives dans ma vie ? »

Votre engagement (10 – Synthèse et conclusion)

Pour ne pas faire partie des gens qui se contentent de rêver leur vie, mais plutôt de ceux qui vivent leurs rêves, vous devez vous engager à monter d'un cran, à devenir la meilleure version de vous-même, à créer la vie que vous désirez.

Notez votre engagement : « Je m'engage à… »

TEST

Effectuez votre test dès maintenant sur :

www.ReussiteMax.com/ItsMyTree

POUR CONTINUER VOTRE CROISSANCE PERSONNELLE AVEC MAX ET ACCÉLÉRER VOTRE RÉUSSITE

Séminaires, formations et outils

« Investissez en vous-même, c'est le meilleur conseil que je puisse vous donner »

— Warren Buffet

SÉMINAIRES

VOTRE DESTINATION RÉUSSITE™ : L'incontournable

- Levez vos freins et maximisez vos ressources
- Accélérez votre réussite personnelle et financière
- Atteignez vos objectifs

BON DE RÉDUCTION DE 100 € !

Pour le séminaire « VOTRE DESTINATION RÉUSSITE »

CODE : « MONCHOIX »

Pour en bénéficier, contactez maintenant l'équipe ReussiteMax :

Email : serviceconseil@reussitemax.com
Téléphone : +33 9 70 170 570

ou

Inscrivez-vous directement par Internet : www.ReussiteMax.com > Événements > VotreDestination Réussite et appliquez le code promotion « monchoix » lors de votre inscription.

FINANCEMAX™

- Développez la psychologie des gens les plus riches du monde
- Réconciliez-vous avec l'argent et entrez dans la spirale de la prospérité
- Découvrez et maîtrisez les stratégies les plus efficaces pour accélérer votre réussite financière et vous assurer un avenir serein

  Plus d'infos :
  serviceconseil@reussitemax.com
  +33 9 70 170 570
  www.ReussiteMax.com > Événements > FinanceMax

LIFEMAX™

- Définissez votre vision de vie
- Les clés de la vitalité et de la longévité
- Lâchez vos bagages émotionnels
- Les secrets pour attirer, créer une relation heureuse durable et relancer la passion dans votre couple

  Plus d'infos :
  serviceconseil@reussitemax.com
  +33 9 70 170 570
  www.ReussiteMax.com > Événements > LifeMax

BUSINESSMAX™

- Maîtrisez les 7 facteurs d'un business prospère et durable
- Stratégies avancées pour multiplier vos chiffres d'affaires, votre profitabilité et votre cashflow
- Comment maximiser tous les centres de profits de votre entreprise et devenir le leader de votre marché

- Les secrets pour vous démarquer du reste de la concurrence
- Comment transformer vos prospects en fans inconditionnels
- Développer l'état d'esprit des plus grands dirigeants de l'histoire

  Plus d'infos:
  serviceconseil@reussitemax.com
  +33 9 70 170 570
  www.ReussiteMax.com > Événements > BusinessMax

3M: MAXMASTERMIND™
(nombre limité et sur candidature uniquement)

- Pour les entrepreneurs et dirigeants qui ont décidé de créer des résultats hors du commun
- Intégrez un groupe d'élite pour assurer votre réussite
- Voyages exceptionnels dans les plus beaux endroits du monde
- Coaching individuel par Max en personne.

Déposez votre candidature sur: www.MaxMasterMind.com ou par email : 3M@ReussiteMax.com

FORMATIONS

FORMATION CROISSANCE MAX™

- Boostez vos chiffres d'affaires de 30 % à 300 %
- Doublez votre profitabilité en moins de 6 mois
- Augmentez votre taux de rétention client
- Les meilleures stratégies pour transformer votre client en un ambassadeur de votre marque

  Plus d'infos:
  info@croissancemax.com

www.croissancemax.com
+33 9 70 170 570

COACHING BY MAX™ :

- Devenez un coach hors pair, certifié Coaching By Max™
- Comment accompagner concrètement vos clients vers la victoire et créer un résultat positif et durable
- Comment faire une carrière lucrative dans le coaching en travaillant de votre domicile

Plus d'infos :
contact@coachingbymax.com
www.CoachingByMax.com

MAX IMPACT SPEAKER™

- Maîtrisez la prise de parole en public et en vidéo
- Comment inspirer votre auditoire à passer à l'action et à laisser un impact durable
- Comment transformer un auditoire sceptique et fermé en un auditoire ouvert, positif, qui participe et qui vous apprécie
- Comment amener votre auditoire à passer à l'action
- Devenez un speaker hors pair certifié Max Impact Speaker™
- Magnifiez votre pouvoir de leader grâce à la méthode Max Impact Speaker™

Plus d'infos :
info@maximpactspeaker.com
www.maximpactspeaker.com

OUTILS

PRENEZ VOTRE ENVOL™ (Audio)

- Un programme incontournable. Approfondissez le puissant processus ItsMyTree™ et emportez-le avec vous.
- Transformez votre voiture ou smartphone (téléphone intelligent) en université ambulante !
- Progressez à votre rythme en suivant les exercices au fur et à mesure
- Les 7 étapes pour créer la vie que vous désirez et méritez

Plus d'infos :
serviceconseil@reussitemax.com
+33 9 70 170 570
www.ReussiteMax.com > Produits > Prenez Votre Envol

J'ATTEINS MES OBJECTIFS ™ (Audio)

- Une méthode unique et éprouvée qui vous guidera pas à pas jusqu'à la réalisation de vos objectifs.
- Comment définir vos objectifs de manière claire et précise
- Construisez un plan d'action concret, qui maximise vos chances de succès
- Cessez enfin de procrastiner, passez véritablement à l'action et développez des habitudes qui assureront la réalisation de vos objectifs

Plus d'infos :
serviceconseil@reussitemax.com
+33 9 70 170 570
www.ReussiteMax.com > Produits > J'atteins mes objectifs

TÉMOIGNAGES

Retrouvez les témoignages des personnes dont la vie a été transformée sur www.reussitemax.com/temoignages.

N'hésitez pas à m'écrire en envoyant un email sur :
contact@reussitemax.com
pour me raconter de quelle manière ce livre vous a permis de réussir votre vie !

Remerciements

Dans la vie, nous ne sommes rien sans l'aide des autres.

Je ne serais pas arrivé jusqu'ici, et ce livre n'aurait pas vu jour, sans l'aide de merveilleuses personnes qui m'ont inspiré et aidé tout au long du chemin.

Merci tout d'abord à mes parents qui m'ont mis au monde, qui me permettent encore maintenant d'expérimenter les cadeaux de cet univers.

Vous n'êtes plus avec nous, mais sachez que je vous aime. Merci de m'avoir fait affronter les difficultés et les épreuves nécessaires pour me permettre de forger mon caractère et d'être préparé à ce monde.

À mes frères et sœurs, qui m'ont souvent encouragé dans ce que je faisais, même quand la plupart des gens pensaient que j'avais perdu la tête. Merci d'avoir cru en moi.

Merci à toute mon équipe, qui m'épaule à chaque instant avec persévérance, même dans les moments difficiles. Sans vous, tout cela ne serait pas possible. Merci du plus profond de mon cœur.

Merci à tous mes clients et membres de ma *newsletter*. Vous êtes la raison pour laquelle je me lève le matin.

Merci à Kenyon, Keith, Carl, Lena, Jay, John, Nathan, Carle ric, Tony, Jack et Stephen de m'avoir inspiré et guidé tout au long du chemin. Vous m'avez permis de voir plus grand et de m'ouvrir la voie vers une réussite éclatante.

Merci à Danièle, Stéphanie et Lise pour votre aide précieuse à la mise en forme et l'aboutissement de ce livre. Sans vous, il ne serait pas devenu une réalité.

Merci à Manon Martel et Michel Ferron des éditions Un monde différent. Merci pour votre efficacité, votre professionnalisme, votre ouverture et votre état d'esprit. Vous représentez cette différence dont le monde a besoin. Merci de m'accompagner afin de véhiculer mon message à travers le monde.

Merci à Yannick Wermuth des éditions Libre Entreprise pour ton énergie positive débordante, ton humour, ton attitude enthousiaste, et de m'aider à transmettre mon message dans la vie des gens.

Merci à Marine, ma partenaire de vie. Merci d'être là avec moi sur mon chemin. Tu es une merveille et un soleil dans ma vie.

Finalement, merci à vous d'avoir fait le choix de lire ce livre jusqu'au bout et félicitations de poursuivre ce chemin de la croissance qui vous mènera vers une Réussite Maximum !

À propos de l'auteur

Né en 1981 à Strasbourg, Max Piccinini a grandi dans une famille de quatre enfants où les difficultés financières sont importantes et les conflits quotidiens.

À l'âge de 14 ans, il subit un choc émotionnel violent qui vient cristalliser sa destinée: le décès de son père dans un accident de la route. Il comprend alors la fragilité de la vie et l'importance de se réaliser pleinement avant qu'il ne soit trop tard.

Bien décidé à ne pas entrer dans le fastidieux schéma « métro-boulot-dodo », il se lance à 19 ans comme *day trader* (spéculateur sur séance) avec un Bac+1 et 1 semaine en main, et investit le peu d'argent qu'il détient.

Cette aventure se transforme en un quotidien de stress et de déception. Deux ans plus tard, il n'a plus un sou en poche et perd confiance.

Il essuie son premier échec. Il rebondit alors dans le développement d'une force commerciale. Malgré des efforts importants, ses résultats sont maigres; la fatigue et la démotivation le mènent vers son *second échec.*

TRANSFORMER L'ÉCHEC EN VICTOIRE

C'est grâce à cette succession de déceptions que Max découvre et comprend un principe qui va transformer sa destinée pour toujours : *« Si je veux que les choses changent, JE dois changer »*.

Il devient alors un étudiant de la réussite, dévore les livres et les séminaires pour répondre à cette question fondamentale :

« Qu'est-ce qui fait que certains arrivent à créer des résultats exceptionnels alors que d'autres luttent financièrement et ne se sentent pas heureux ni épanouis ? »

Il dédie alors sa vie à la science de la réussite et de la performance maximale, et cherche à comprendre ce qui bloque les gens à réaliser ce qu'ils désirent.

Il conçoit alors de puissantes stratégies et méthodes qu'il commence à utiliser dans sa vie et ses affaires.

En moins de 36 mois, Max connaît alors une réussite fulgurante en affaires. Et depuis, ses entreprises ne cessent de fleurir.

LE GOÛT DE LA TRANSMISSION

Poussé alors par ses amis et clients, Max décide de lancer sa carrière d'auteur, de conférencier et d'expert en stratégies de réussite.

Plus qu'une passion, Max est animé par le besoin d'*aider les gens à lever leurs barrières psychologiques et s'approprier les meilleures stratégies pour créer des résultats concrets et durables dans leur vie.*

Max Piccinini est aujourd'hui l'un des coachs les plus réputés au monde dans le domaine de la réussite et de la haute performance. Il est aussi l'un des rares experts qui a d'abord réussi en affaires avant de décider d'enseigner.

Max a déjà accompagné plus de 100 000 personnes, lors de plus de 1000 formations, dans plus de 23 pays dans le monde.

Que ce soit pour améliorer vos finances, vos relations ou vos affaires, vous êtes entre de bonnes mains.

Il est le fondateur de l'entreprise leader dans l'industrie des séminaires de coaching francophones : ReussiteMax®.

L'ÉLÉVATION

« La pire des choses qui puissent vous arriver est de porter des regrets avec vous. Vous êtes né pour faire de votre vie un chef-d'œuvre ! C'est votre responsabilité d'apprendre ces clés de la réussite et de faire tout ce qui doit être fait pour les mettre en application et pour créer la vie dont vous rêvez », clame Max avec conviction.

Au-delà de l'image exemplaire qu'il transmet, Max Piccinini incarne des valeurs de partage et de générosité qui font de lui un homme rare et inspiré.

Le rencontrer en participant à l'une de ses formations ou séminaires sera sûrement l'une des plus belles expériences de votre vie.

Il est une ressource rare qui vous aidera à accélérer votre réussite comme jamais.

MAX PICCININI

Fondateur de la marque de Coaching ReussiteMax

Coach, expert en stratégies de la réussite et auteur best-seller

Pour toute information sur l'auteur et sur ses séminaires

LinkedIn : https://ch.linkedin.com/in/maxpiccinini

Facebook : www.facebook.com/reussitemax

Twitter : https://twitter.com/MaxPiccinini1

contact@reussitemax.com

Site Internet :

www.ReussiteMax.com

REUSSITE | MAX

MARQUIS

Québec, Canada

RECYCLÉ
Papier fait à partir de matériaux recyclés
FSC® C103567
FSC
www.fsc.org

Imprimé sur du Rolland Enviro,
contenant 100% de fibres postconsommation,
fabriqué à partir d'énergie biogaz et certifié FSC®,
ÉCOLOGO, Procédé sans chlore et Garant des forêts intactes.

PERMANENT 100% BIO GAZ® ÉNERGIE

Garant des forêts intactes[MC]